经济金融建模理论基础

ECONOMIC AND FINANCIAL MODELING–THEORY AND APPLICATION

陈工孟 主编

经济管理出版社
ECONOMY & MANAGEMENT PUBLISHING HOUSE

编　委

编撰单位：

深圳国泰安教育技术股份有限公司

主　　编：

陈工孟　深圳国泰安教育技术股份有限公司　董事长

上海交通大学　金融学教授、博士生导师

执行主编：

高　宁　深圳国泰安教育技术股份有限公司　副董事长

西安交通大学管理学院　教授、博士生导师

执行副主编：

凌宗平　深圳国泰安教育技术股份有限公司大数据事业部　群总经理

李晓龙　深圳国泰安教育技术股份有限公司大数据学术事业部　总经理

编撰人员：

张娟娟　芦艳芬　刘　坤

引　言

◆ **写作背景**

大数据时代的到来冲击着各个领域的研究发展，"啤酒和尿布"的故事已成为经典，在惊叹之余，给我们留下更多的是疑问：为什么将这样两种风马牛不相及的商品进行关联销售？并且获得了如此大的成功？不得不说，这个拥有世界上最大数据库的零售商——沃尔玛的案例，是大数据研究的里程碑！那么，什么又是大数据呢？大数据的核心在于：其一，数据量的"大"，即海量的数据；其二，数据的"真实性"，这些数据都是历史产生的完全真实的统计数据；其三，数据的"分析"，如何从这些海量的数据当中挖掘出潜在的商业价值及用途，才是大数据分析的最终目的！

大数据分析可以应用在许多领域上，其中在研究经济金融市场数据方面的作用更是不容忽视。而经济金融建模实证研究是大数据分析的基础，经济金融建模通过确定选题，提出推理假设，收集、处理、分析经过观察、实验和调查的数据，进而求证假设，目的是探索事物的本质、预测事物的发展规律。可以说，经济金融建模实证研究方法是探索数据之间的关联、挖掘数据内在价值的重要工具。使用实证研究方法在分析经济金融市场数据方面的成功案例也比比皆是。天才数学家西蒙斯的"大奖章基金"公司，利用交易数据，通过用数学公式客观地研究出量化模型，获得了35%的年净收益率，完胜金融大鳄索罗斯和巴菲特的20%的年收益率。

西蒙斯的投资能获得如此高的收益率，主要是由于西蒙斯能巧妙地将数学方法运用到金融研究当中，通过模型来进行组合、量化投资。西蒙斯的巨大成功也使得人们开始重新思考数学模型、真实数据、实证研究的内在联系和价值，我们编写此书的目的正是希望帮助读者通过学习经济金融建模的相关理论和典型案例，并尝试将其应用到实际中，在经济金融数据研究方面得到一定的收获。

◆ 宗旨

使读者能够对经济金融建模有一个更全面的认识，通过学习理论知识为今后开展建模实训打下基础。

本书旨在帮助读者学习建模手册中模型的理论部分，全面地了解建模的方法及模型的应用。

◆ 特色

本书从理论到具体建模流程，再到建模中的数据来源都介绍得非常详细，相信能成为读者建模学习的首选，具体优势有以下几个方面：

1. 本书的模型严格按照国家学科进行分类，每个学科的模型又是按照由易到难的顺序来规划的，可读性非常强，便于读者循序渐进地学习；

2. 理论介绍从起源到发展演变都讲解得非常详细到位，读者能够通过对本书的学习全面地掌握这些知识；

3. 本书还详细地讲解了每个模型的研究案例，将理论知识用数字符号表达了出来，更加简明易懂；

4. 涉及了模型在不同领域的延伸应用案例，使得读者能够更深刻地理解模型的应用；

5. 本书是针对模型理论部分进行讲解的，而真正掌握建模知识并灵活运用的最好方法是动手实践，因此我们还编写了相应的实践操作教材——《经济金融建模实训入门指南》，方便读者更好地掌握运用；

6. 每个章节都有总结性的思考，在总结当中，会讲到关于该领域的一些拓展问题，读者可以在此基础上做进一步深层次的研究。

◆ **面向读者**

本书是一本中高级别的教材，适合具有一定经济金融知识、统计学知识的本科生、研究生学习，同时也适用于希望从事经济金融研究的读者进行学习。每个章节中的模型都有背景知识介绍，并且有非常清晰的公式说明，因此研究价值较高，读者从中能够获得一定的启发。通过对本书的学习，相信您能收获以下几点：

1. 通过结合经济金融建模理论与实训，从抽象认识转变为理解运用；

2. 对于模型从简单的公式到更高层次的应用都能够有一定的理解，了解量化投资、数据挖掘领域中比较经典、前沿，应用较广的模型；

3. 能够学习到不同学科之间的交叉应用：包括统计学与金融，数学与金融等一系列知识。

◆ **本书安排**

本书内容以二级学科分类的方式，按照由易到难的顺序来划分章节：

第一篇是经济学模型的基础知识和建模方法，主要包括宏观经济学的国民收入模型、索洛模型以及劳动供给弯曲曲线模型；

第二篇是金融学模型的相关知识：主要包括股票市场的基本指标，风险指标的计算，资本资产定价模型的介绍，量化投资基金绩效评估方法，期货投资策略以及债券的相关知识，包括可转换债券，可赎回债券，可转换债券定价，债券和股票的联系与区别；

第三篇是统计运筹学模型：主要介绍了 VaR 度量与事后检验，VaR 方法介绍，与 VaR 相关的检验方法及 VaR 方法的应用；KWV 信用风险模型；最优投资组合选择的相关理论知识及模型介绍；

第四篇是会计学模型：会计成本，投资成本，生产过程中的成本等与经济成本相关的知识；

第五篇是高级经济金融模型：包含金融数据分析领域里比较经典的模型，属于金融建模的高级阶段，读者可以自主深入学习研究。

◆ 致谢

感谢为本书的撰写做出贡献的所有人，由于笔者水平有限，加上时间仓促，书中的疏漏和错误之处在所难免，恳请同行批评指正，共同推动中国经济金融建模实训教学的发展。我们的联系方式如下：

电　　话：0755-83940463
传　　真：0755-83940045
电子邮件：cqirisf@gtafe.com
地　　址：深圳市南山区南头检查站关口二路智恒产业园 30 栋 3 楼
邮　　编：518052

深圳国泰安教育技术股份有限公司
2015 年 2 月 3 日

目　录

第一篇　经济学模型

第二篇　金融学模型

第四篇　会计学模型

第五篇　高级经济金融模型

第一篇

经济学模型

经济学是一门研究价值的生产、流通、分配、消费规律理论的学科。经济学的研究对象是生产发展过程中的客观规律。经济学是有机的整体，是一门科学，是研究人类社会在各个发展阶段上的各种经济活动和各种相应的经济关系及其运行、发展的规律的学科。经济学的核心思想是物质的稀缺性和有效利用资源，可分为两大主要分支——微观经济学和宏观经济学。以下的模型中主要以宏观经济学模型为主。

第一章 国民收入

一、国民收入基础知识

（一）国民收入概述

国民收入（National Income）是指物质生产部门劳动者在一定时期所创造的价值。从社会总产值中扣除物质消耗后的剩余部分就是国民收入，国民收入（价值形态）＝社会总产值－已消耗生产资料价值或国民收入（实物形态）＝社会总产品－已消耗生产资料。

（二）国民收入使用价值解释

在使用价值上，国民收入是由体现新创造价值的生产资料和消费资料所构成的。创造国民收入的物质生产部门，有农业、工业、建筑业和作为生产过程在流通过程内继续的运输业、邮电业及商业等。

（三）国民收入的衡量准则

反映国民收入的两个主要统计数字是本地生产总值（GDP，即国内生产总值）及本地居民生产总值（GNP，即国民生产总值）。

二、国民收入计算方法

前提假设 1：政府给企业的补助金不存在，即国民收入为国民生产净值-税收。

前提假设 2：计算国民收入的量都是非常真实的。

由于国民生产净值并不是能直接得到的，有时候需要间接计算才能得到，公式如下：

国民收入（NI）＝NNP-企业转移支付和间接税＋政府给企业的补助金

其中，NNP 为国民生产净值。

国民生产净值（NNP）＝国内生产净值（NDP）＋国外净收入（Net Income From Abroad）

国内生产净值（NDP）＝GDP-折旧

此外，关于这些量也有一些其他的计算方法如下：

国民生产总值（GNP）＝本国国民国内要素收入＋本国国民国外要素收入

国内生产净值（NDP）＝C（居民消费）＋NI（国民收入）＋G（政府购买）＋NX（净出口）＝GDP-折旧

国民生产净值（NNP）＝国内生产净值（NDP）＋本国国民国外净收入（Net Income From Abroad）

国民生产净值（NNP）＝国民收入（NI）＋（间接税－津贴－政府给企业的补助金）

国民生产净值 （NNP）＝GNP （国民生产总值）－资本折旧

国民收入 （NI）＝NNP－企业转移支付和间接税＋政府给企业的补助金

　　　　　　 ＝NDP＋国外要素净值－企业转移支付和间接税＋政府给企业的补助金

三、国民收入计算意义

1. 重要指标

国民收入指标综合地反映一国的经济实力和社会生产力的发展水平，特别是一国按人口平均计算的国民收入额，是反映该国经济发展水平和人民生活水平的一项重要的综合指标。

国民收入的生产结构和经济成分结构指标综合地反映一国的国民经济结构。

国民收入指标综合地反映社会再生产中各种错综复杂的经济关系。在不同的生产方式下国民收入具有不同的社会性质，反映着不同的经济关系。

2. 社会再生产

国民收入的生产、分配和使用中的各种比例关系，例如，消费基金和积累基金的比例关系及其内部各部分之间的比例关系，是社会再生产中的重要比例关系，对社会再生产的发展起着重要的作用。

总之，国民收入是反映宏观经济效益的综合指标，例如，国民收入的增长额同积累额进行比较用以考察积累的经济效益等。由于国民收入扣除了物质消耗的因素，避免了社会总产品中生产资料消耗的价值的重复计算造成的虚假现象，因而能够比较准确地反映社会新增的物质财富。由于国民收入指标的经济意义，世界各国都在进行国民收入的计算和分析。

本章小结

作为衡量国家经济发展的重要指标，国民收入是反映该国经济发展水平和人民生活水平的一项重要的"综合指标"。在国民收入的计算中，扣除了物质消耗的因素，避免了社会总产品中生产资料消耗的价值的重复计算造成的虚假现象，能够比较准确地反映社会新增的物质财富，因而也成为各个国家衡量和计算分析的首选。如何通过计算出来的国民经济指标来对过去进行反思，对未来进行预测分析是在大数据分析的压力下要做的重要研究。

第二章 索洛模型

一、索洛模型基础知识

（一）索洛模型理论起源

索洛经济增长模型（Solow Growth Model）又称新古典经济增长模型、外生经济增长模型，是在新古典经济学框架内的经济增长模型，是 Solow 于 1956 年首次创立的，用来说明储蓄、资本积累和增长之间的关系。自建立以来，这一模型一直是分析以上三个变量关系的主要理论框架。

（二）索洛模型概述

在索洛模型中，对经济总体的增长贡献被设定为由劳动、资本和技术进步三者组成，并且假设边际生产递减的一阶齐次的总生产函数满足稻田条件、储蓄率一定、技术进步为外生等的条件。在此基础上得出了政府政策对于经济增长的作用是无效的结论。

（三）索洛模型理论证实

正当 1987 年世界股票市场暴跌之时，瑞典皇家科学院宣布该年度诺贝尔经济学奖授予一直与里根政府的经济政策唱反调，主张政府必须有效地干预市场经济的美国麻省理工学院教授罗伯特·索洛（Robert M.Solow）。许多经济学界人士认为，纽约股票市场的这场大动荡，恰恰证实了索洛坚持的理论，使他的经济增长理论成为当今世界热门研究课题之一。可是，这一表明各种不同因素是如何对经济增长和发展产生影响的长期经济增长模型，早在 30 年前他在《对经济增长理论的贡献》的论文中就提出来了。

二、索洛模型计算方法

前提假设 1：只生产一种产品，此产品既可用于消费也可用于投资。

前提假设 2：产出是一种资本折旧后的净产出，即该模型考虑资本折旧。

前提假设 3：规模报酬不变，即生产函数是一阶齐次关系式。

前提假设 4：两种生产要素（劳动力和资本）按其边际实物生产力付酬。

前提假设 5：价格和工资是可变的。

前提假设 6：劳动力永远是充分就业的。

前提假设 7：劳动力与资本可相互替代。

前提假设 8：在生成过程中，存在技术进步因素的影响。

输入：原始投资资本，劳动，技术发展水平；输出：国内生产总值。

具体计算公式如下：

$$Y = A \times F(K, L) = K^{\alpha} \times (AL)^{1-\alpha}$$

$\dfrac{Y}{L} = \left(\dfrac{K}{L}\right)^{\alpha}$ 于是得到通用性的公式：

$$y = k^{\alpha} = f(k)$$

于是有：

$$s \times f(k) = (\delta + n + g) \times k$$

即：

$$s \times f(k) - (\delta + n + g) \times k = 0$$

其中，K 为资本；L 为劳动；A 为技术发展水平；k 为有效劳动投入之上的资本密度；s 为边际储蓄率；n 为人口增长率；g 为技术进步率；δ 为资本增长率；y 为有效劳动投入之上的人均国内生产总值。

三、索洛模型计算意义

1. 使用价值

作为创立新古典经济增长模型的先驱，索洛教授在构造他的长期增长模型过程中，不仅保留了哈罗德—多马模型的主要特征（如齐次资本函数、比例储蓄函数以及既定的劳动力增长率），而且还在理论模型的现实性方面有新的突破。主要表现在以下几个方面：

（1）新古典生产函数。他在分析经济增长的过程中采用了一种连续性生产函数，从此人们称其为新古典生产函数。

（2）经济增长调整能力。劳动力与资本之间可相互替代的假设使得经济增长过程具有调整能力，从而该理论模型更接近于现实。

（3）增长率是有效增长的。长期增长率是由劳动力增加和技术进步决定的，前者不仅指劳动力数量的增加，而且还含有劳动力素质与技术能力的提高，所以，索洛的长期增长模型打破了人们一直奉行的"资本积累是经济增长的最主要的因素"的理论，向人们展示，长期经济增长除了要有资本以外，更重要的是靠技术的进步、教育和培训水平的提高。

2. 不足之处

当然，作为一种理论模式，索洛的长期增长模型也并非尽善尽美。正如森（Sen，1970）教授指出的那样，索洛的模型也有其不足之处：

（1）索洛的增长模型考虑的仅仅是哈罗德的 Gw 和 Gn 之间的均衡问题，而忽略了 Gn 和 Gw 之间的均衡。

（2）索洛的模型没有投资函数，此函数一旦引入，哈罗德模型的不稳定性问题即会出现于索洛的模型中。森教授认为，劳动力和资本间的替代性假设似乎并不是新古典学派和新凯恩斯学派对增长研究之不同的关键所在，其主要差异在于索洛模型没有考虑投资函数以及由此产生的企业家对将来预期的重要性。

（3）索洛假设要素价格是可变的，这也会给稳定增长的路径设置障碍。例如，利息率由于流动陷阱问题而不会下降到低于一定的最低水平；反过来，这也许使资本—产出比率不能提高到实现均衡增长路径所必需的水平。

（4）索洛模型是以提高劳动生产率的技术进步为假定前提构建的。然而，这一假定只是柯布—道格拉斯生产函数型哈罗德中性技术进步的一个特例，没有任何经济证据。

（5）索洛增长模型的另一假设是"资本品是同质的且易变的"，但事实上，资本品是高度异质的，因此而出现不能简单加总的问题。结果，当存在多种多样的资本品时，稳定增长路径是很难实现的。

本章小结

在一定程度上说，技术进步、劳动力质量的提高比增加资本对经济增长的作用更大。这种观点在顾耀铭（1987）获奖前夕接受采访时又得到了进一步阐述。他说，除了纯粹的农业国以外，这一理论对所有国家都适用。"发展中国家不能把本国经济的发展仅仅依赖于资本和劳动力的增长上。发展中国家，特别是起步较晚国家，要更多地研究如何在现有工业的基础上逐步提高劳动生产率、技术和教育进程。这样就能有效地跟上世界经济的发展"。许多国家都相继接受了他的理论，在中高等教育、研究与发展（R&D）等方面，政府不断增加投资和提供税收刺激措施，成效显著。

第三章

劳动供给弯曲曲线模型

一、劳动供给弯曲曲线基础知识

(一) 劳动供给弯曲曲线背景案例

萨缪尔森 (P. A. Samuelson) 和洛德豪斯 (W. D. Nordhaus) 在谈到后弯的供给曲线时用的例子有两个，一个是劳动供给，另一个是 70 年代的石油危机时的石油供给。这两个例子的现象相同：都是随着价格上涨而先于供给增加，然后随着价格的继续上涨而供给减少。

(二) 劳动供给曲线定义

劳动供给取决于工资变动所引起的替代效应和收入效应，随着工资增加，由于替代效应的作用，家庭用工作代替闲暇，从而劳动供给增加，同时，随着工资增加，由于收入效应的作用，家庭需要更多的闲暇，从而劳动供给减少。

（三）劳动供给曲线弯曲

收入效应和替代效应的共同作用，使得当收入较少时，人们愿意付出更多劳动来获得较高收入，即牺牲闲暇来得到更多收入，当收入相对于个人需求来说较高时，工作的机会成本（放弃闲暇）更高，这时候，人们可能更愿意享受闲暇。

一般规律是，当工资较低时，替代效应大于收入效应，当工资达到某个较高水平时，收入效应大于替代效应，因此，劳动供给曲线是一条向后弯曲的供给曲线。

二、劳动供给弯曲曲线模型计算方法

前提假设 1：工作时间由消费时间决定，也就是消费时间长，则工作时间较短。

前提假设 2：消费时间由消费效用和工资决定，即消费时间等于消费效用与工资的比值。

前提假设 3：消费效用曲线取决于工资，当工资少于合理工作时间所带来的工资，边际消费效用递减。当工资大于合理工作时间工资，边际消费效用递增（即合理工作情况下工资越多闲暇消费时间越多）。

输入：消费效用、工资、总时间；输出：消费时间及工作时间。

具体公式如下：

消费时间：

$$CT = C/W$$

工作时间：

WT = T – CT

其中，C 为消费（闲暇）效用；W 为工资；CT 为消费时间；T 为总时间；WT 为工作时间。

三、劳动供给弯曲曲线模型计算意义

劳动时间和闲暇时间关系：

第一，劳动供给是闲暇需求的反面，劳动的价格即工资则是闲暇的价格。于是，劳动供给量随工资变化的关系即劳动供给曲线可以用闲暇需求量随闲暇价格变化的关系即闲暇需求曲线来说明：解释劳动供给曲线向后弯曲（劳动供给量随工资上升而下降）等于解释闲暇需求曲线向上斜（闲暇需求量随闲暇价格上升而上升）。

第二，闲暇价格变化造成闲暇需求量变化有两个原因，即替代效应和收入效应。由于替代效应，闲暇需求量与闲暇价格变化方向相反。由于收入效应，闲暇需求量与闲暇价格变化方向相同。

第三，当工资即闲暇价格较低时，闲暇价格变化的收入效应较小，而当工资即闲暇价格较高时，闲暇价格变化的收入效应就较大，甚至可能超过替代效应。如果收入效应超过了替代效应，则结果就是：闲暇需求量随闲暇价格上升而上升，亦即劳动供给量随工资上升而下降。

本章小结

就一个人的生活质量而言，劳动时间（想获得一定数量的收入而必须投入的时间）和闲暇时间基本是替代关系，但一定程度上又是互补关系。收入和闲暇都

能给 自己带来幸福，并且劳动时间和闲暇时间又是此消彼长的，所以它们是替代关系。同时，如果有了一定的收入做保障，闲暇时的享受质量可以更高一些，所以收入对闲暇有互补的作用；而闲暇对劳动也有一定的互补作用，"休息好才能工作好"，平时的娱乐和休息使自己精神愉悦，那么工作的效率也会因此而大大提高。

第二篇

金融学模型

金融学是属于经济学下面一个非常庞大的分支，如果说经济是研究整个社会的总体发展状况的话，那么金融学可以说是针对每个独立的状况进行更加细致的研究。这些金融指标通常能有效地通过大幅度变化来预兆金融危机，如股票价格指数、收益率、波动率等。下面我们主要讲解股票和债券的各种指标以及它们之间的联系。

第四章 股票基本指标的计算

一、股票的基础知识

（一）股票的定义

对于初次接触证券投资的人来说对这个概念一定会比较模糊，简单来说，股票就是"股东对股份公司的所有权"，是股份公司为筹集资金而发行给股东作为持股凭证并借以取得股息和红利的一种有价证券。

股票交易至今已有 400 多年的历史，世界上最早的股份公司诞生于荷兰的阿姆斯特丹股票交易市场。在中国，1920 年 7 月 1 日，上海证券交易所开业，采用股份公司形式，交易标的分为有价证券、棉花等七类，这就是近代中国最早的股票。

（二）股票的特点

股票主要有以下五个特点：

（1）风险性。股票的投资是有一定风险的，因为市场上每个人都希望能获得更高的收益，对未来的预测各不相同，有买有卖。

（2）参与性。股票市场最主要的投资者是个人投资者（散户）以及各种机构投资者。

（3）收益性。这也是股票最基本的特征，高风险也伴随着高收益，因此投资者需要谨慎对待。

（4）流通性。股票作为资本证券，是一种灵活、有效的集资工具和有价证券，可以在证券市场上通过自由买卖、自由转让进行流通。

（5）永久性。股票一旦发售，持有者不能把股票退回给公司，只能通过到证券市场上出售而收回本金。

（三）股票的量化计算指标

作为市场经济发展的"晴雨表"，股票的衡量指标有很多种，如常见的上证指数、股票价格、市盈率、股票的收益率、波动率等，而对于单支股票而言，最主要的指标有股价、收益率、波动率等。

二、股票的收益率

（一）股票收益率理论

1. 股票的收益

股票的收益分为持有期收益、资本收益和累计收益三大类。

其中，持有期收益是指在股票的持有期间与初值的差额；资本收益是在资产未售出之前，转让价值与调整成本基价之间的正差额；累计收益是一个长期的过程，也可以称作滚存收益，公司留存收益用做投资资金，扩大再生产直至某一期末获得利润值。

无论股票还是其他金融资产，最常用的收益指标是持有期收益和资本收益。由于持有期收益和资本收益的计算比较麻烦，在本章的内容中，只考虑股票的累计收益指标。

2. 股票的收益率

股票的收益率是量化股票的一个很重要的指标，是投资于股票所获得的收益总额与原始投资额的比率。股票之所以能够受到全世界众多投资者的青睐，是因为购买股票能带来收益。股票的绝对收益率是股息，相对收益就是股票的收益率。

（二）股票收益率的计算公式

假定某只股票在时刻 t 的收益价格为 P_t。

股票收益率的计算公式有很多种，不同的计算公式有不同的适用范围。

（1）单期百分比收益率。这是计算股票收益率最常用的一种方式：

$$R_t = \frac{P_t - P_{t-1}}{P_{t-1}} = \frac{P_t}{P_{t-1}} - 1 \qquad (4-1)$$

其中，P_{t-1} 为第 t 时刻的上一刻 t – 1 的收益价格，但是这种方式计算出来的收益率并不适合任何模型，因为这种简单的除法在某些时候不能消除前后的自相关性。

（2）k 期百分比收益率。指从 t – k 到 t 期的收益率，计算公式如式（4-2）所示：

$$R_t(k) = \frac{P_t - P_{t-k}}{P_{t-k}} = \frac{P_t}{P_{t-k}} - 1 \qquad (4-2)$$

也可以通过单期的收益率来推断：

$$\frac{P_t}{P_{t-k}} = \frac{P_t}{P_{t-1}} \times \frac{P_{t-1}}{P_{t-2}} \times \frac{P_{t-2}}{P_{t-3}} \times \cdots \times \frac{P_{t-k+2}}{P_{t-k+1}} \times \frac{P_{t-k+1}}{P_{t-k}} = \left(\frac{P_t - P_{t-k}}{P_{t-1}} + 1 \right) \times \cdots \times$$

$$\left(\frac{P_{t-k+1} - P_{t-k}}{P_{t-k}} + 1 \right) = (1 + R_t)(1 + R_{t-1}) \cdots (1 + R_{t-k+1})$$

因此，

$$R_t(k) = (1 + R_t)(1 + R_{t-1}) \cdots (1 + R_{t-k+1}) - 1 \qquad (4-3)$$

（3）单期连续复利收益率。当收益率区间是连续情形的时候，要用极限的思想去考虑了：

$$r_t = \ln(1 + R_t) = \ln\left(\frac{P_t}{P_{t-1}} \right) \qquad (4-4)$$

（4）k 期连续复利收益率。同样的道理，对于连续的 k 期，用极限思想去对待：

$$\lim_{k \to 0} \ln\left(\frac{P_t}{P_{t-k}} \right) = \lim_{k \to 0} \ln\left(\frac{P_t - P_{t-k}}{P_{t-k}} + 1 \right) \approx \frac{P_t - P_{t-k}}{P_{t-k}} \qquad (4-5)$$

因此，对于连续的 k 期的收益率为：

$$\begin{aligned} r_t(k) &= \ln[1 + R_t(k)] \\ &= \ln[(1 + R_t)(1 + R_{t-1}) \cdots (1 + R_{t-k+1})] \end{aligned} \qquad (4-6)$$

根据上述四种情形的收益率来看，只要知道了收益价格序列，就能针对不同的问题找到并运用不同的收益率序列。

（三）股票收益率的重要意义

1. 数量级的处理

股票的收益率看上去只是一些简单的公式计算，实际上在很多时候它是非常重要的，如在对股票做配对或者线性关系时，如果用收益价格来衡量，由于有的股票可能是 10 的数量级，而有的只有几元，必须消除数量级之间的差异，否则计算出来的模型可能会失真。

2. 消除自相关性

对数的收益率计算方式同样也有着很重要的意义：对数的收益率的计算方式 $\ln\left(\dfrac{P_t}{P_{t-k}}\right)=\ln\left(P_t\right)-\ln\left(P_{t-1}\right)$ 取对数后做差分，这种方式可以消除自相关性，尤其是在计算计量学中的很多模型，如在收益率预测、Hurst 指数的预测、组合投资模型等一系列的问题中都有着非常重要的意义。

三、股票的收益波动率

（一）波动率的定义

收益波动率计算是金融计算与建模的基础，如风险度量、资产定价等。最简单的收益波动率计算模型是静态波动率估计模型，这一模型假定在一定时期内资产收益的波动率保持不变，这样可以采用一段时期内收益的样本方差来作为收益的波动率，这种方法最大的优势在于技术上的简单，但是很多实证检验表明资产收益的波动率在一定时期内并非常数，而是经常改变，因此这种静态波动率估计模型仅适用于对波动率的估计精度要求不高的情况。

美国芝加哥期权交易所（CBOE）在 1973 年开始股票期权交易后，就一直有构造波动指数的设想，以反映市场对于未来波动程度的预期，从而达到风险防范和指导交易的目的。1987 年美国股灾后，为降低市场波动和稳定金融市场，纽约证券交易所引进了熔断机制。而如何衡量市场波动性，适时启用熔断机制成为市场观察者的争论焦点。1993 年，芝加哥期权交易所以标准普尔指数为基础，编制了波动率指数，简称 VIX。设计波动率指数的目的是要捕捉投资者在此后 30 天里对股票市场中预期波动率的共识。

为了更好地反映波动率随时间变化的特点，本章提出了一系列的动态模型来估计资产收益的波动率，下面介绍几种常用的时间序列模型。

(二) 常用的波动率估计模型介绍

前提假设：假定在一定时期内资产收益的波动率保持不变。

下面介绍两种常见的波动率估计模型：

1. 移动平均模型

简单移动平均模型是最简单的一种动态模型，它以过去 M 天收益的样本方差来估计当前的波动率，即：

$$\sigma_t^2 = \frac{1}{M-1} \times \sum_{i=1}^{M} \left(r_{t-i} - \frac{\sum_{j=1}^{M} r_{t-j}}{M} \right)^2 \tag{4-7}$$

其中，σ_t^2 为波动率；M 为计算的时间范围；r_t 为 t 时刻的收益率。

每天通过增加前一天的信息和去掉前 M+1 天的信息来更新预测。

（1）模型缺陷。此模型最大的缺点在于它忽略了观测值的动态顺序，给历史上所有的信息以同样权重。实际上，较旧的信息如 M 天前的信息对于当前的代表性远不如昨天的信息，因此从这个角度讲，越新的数据应具有越高的相关性。为了解决这个问题，又提出了指数加权移动平均模型。

指数加权移动平均模型依赖参数 λ，称 λ 为衰减因子，该参数决定估计波动率时各观测数据的相对权重，注意，当 λ = 1 时，就是简单移动平均模型。

（2）模型优化。指数加权移动平均模型为波动率的估计提供了一个较实用的方法，该模型是利用指数预测方法建立的，对 t 时间波动率的预测为：

$$\sigma_t^2 = \lambda\sigma_{t-1}^2 + (1-\lambda)\left[r_{t-1} - E(r_{t-1})\right]^2 \qquad (4-8)$$

在这个模型中，衰减因子 λ 对波动率的预测有至关重要的用途，$0 \leqslant \lambda \leqslant 1$，$\lambda$ 的值要根据具体的模型来给出合适的数值。

2. GARCH 模型

为了更精确地估计波动率，有必要侧重选择那些对近期的信息赋予较大权重的模型。于是提出了 ARCH 模型和 GARCH 模型。GARCH 模型称为广义自回归条件异方差模型，或称为广义 ARCH 模型，GARCH 模型假定收益的方差服从一个可预测的过程，它依赖于最新的收益，也依赖于先前的方差，GARCH（1，1）是最简单的模型，其公式为：

$$r_t = \sqrt{h_t e_t}$$

$$h_t = \alpha_0 + \alpha_1 r_{t-1}^2 + \beta_1 h_{t-1}$$

$$e_t : iidN(0,\ 1)$$

其中，r_t 为波动率；h_t 为条件方差方程式；e_t 为独立同分布的满足正态分布的随机变量。这个模型的优点在于模型简洁，参数较少，且对于数据的拟合较好，GARCH 模型的主要缺点在于它是一种非线性函数，参数需要通过似然函数最大化估计得到，并且要通过数值算法求出。

（三）　波动率的意义

1. 衡量股票风险

波动率往往要通过大量的数据来体现，从移动平均模型当中可以看出，波动率实际上也是方差，方差越大波动就越大，说明该股票就是属于高风险类型。对于投资者而言，需要慎重考虑。

2. 衍生领域应用

波动性在金融衍生品的定价、交易策略以及风险控制中扮演着相当重要的角色，可以说没有波动性就没有金融市场。

波动率指数推出后，经过十多年的完善与发展，已经成为世界上衡量投资者心理和市场波动率的主要"晴雨表"，它通过股指期权价格传达短期市场的预期波动，由于这些波动经常预示着金融风暴的出现，所以波动率指数又被称为"投资者恐慌指数"。

四、股票的合理价格

（一）股票合理价格的定义

作为有价证券，股票本身没有价值，但它可以当作商品出卖，并且有一定的价格。股票价格（Stock Price）又叫股票行市，是指股票在证券市场上买卖的价格。

股票价格分为理论价格与市场价格。股票的理论价格不等于股票的市场价格，两者甚至有相当大的差距。但是，股票的理论价格为预测股票市场价格的变动趋势提供了重要的依据，也是股票市场价格形成的一个基础性因素。

1. 股票的市场价格

股票的市场价格即股票在股票市场上买卖的价格。股票市场可分为发行市场和流通市场，因而，股票的市场价格也就有发行价格和流通价格之分。股票的发行价格就是发行公司与证券承销商议定的价格。股票发行价格的确定有以下三种情况：

（1）股票的发行价格就是股票的票面价值。

（2）股票的发行价格以股票在流通市场上的价格为基准来确定。

（3）股票的发行价格在股票面值与市场流通价格之间，通常是对原有股东有偿配股时采用这种价格。

国际市场上确定股票发行价格的参考公式是：

股票发行价格 = 市盈率还原值 × 40% + 股息还原率 × 20% + 每股净值 × 20%
+ 预计当年股息与一年期存款利率还原值 × 20%

这个公式全面地考虑了影响股票发行价格的若干因素，如利率、股息、流通市场的股票价格等，值得借鉴。

股票在流通市场上的价格，才是完全意义上的股票的市场价格，一般称为股票市价或股票行市。股票市价表现为开盘价、收盘价、最高价、最低价等形式。

其中收盘价最重要，是分析股市行情时采用的基本数据。

2. 股票的理论价格

股票代表的是持有者的股东权。这种股东权的直接经济利益，表现为股息、红利收入。股票的理论价格，就是为获得这种股息、红利收入的请求权而付出的代价，是股息资本化的表现。

静态地看，股息收入与利息收入具有同样的意义。投资者是把资金投资于股票还是存于银行，首先取决于哪种投资的收益率高。按照等量资本获得等量收入的理论，如果股息率高于利息率，人们对股票的需求就会增加，股票价格就会上涨，从而股息率就会下降，一直降到股息率与市场利率大体一致为止。

计算股票的理论价格需要考虑的因素包括预期股息和必要收益率。

股票的合理价格由上市公司的每股净资产、现实收益水平和未来预期收益水平的贴现三部分组成。超过这个合理的价格水平的股价就是"泡沫"。

当然有涨就有跌，股市是允许一定的"泡沫"存在的，这才符合市场经济正常的发展规律。如果企业未来经营得很好，"泡沫"就可能被充实。

（二）股票合理价格的计算

前提假设 1：假设在计算股票合理价格时，企业的发展比较稳健并能合理地分享企业现实利润和将来预期利润。

前提假设 2：股票在流通市场上的价格，才是完全意义上的股票的市场价格。

计算股票的理论价格需要考虑的因素包括预期股息和必要收益率。预期股息按必要收益率折现的价格，即为股票的理论价格。

股票合理价格的计算有两种方法：

方法一：参照 6% 的预期收益率 s。

$$Sp = MR_3 \times \frac{1 - tr}{s} + P \times (1 - tr) \pm f \qquad (4\text{-}9)$$

其中，Sp 为企业过去 3 年的每股平均收益；tr 为所得税税率；s 为预期投资收益率；P 为当前未分配利润；f 为预期业绩走势可能对价格的影响。

方法二：按一年期存款利率 2.25% 的预期收益率 s。

$$Sp = MR_3 \times \frac{1 - tr}{s} + P \times (1 - tr) \pm f \qquad (4\text{-}10)$$

其中，公式与方法是一模一样的，在这里基本上是存款利率的不同对股票的合理价格有一定的影响。

（三）股票合理价格的应用

1. 分水岭

股票的合理价格是衡量股市"泡沫化"的一个指标，一旦超过该指标，市场就会出现一定的"泡沫化"。一个投资者最应关心的是上市公司的业绩和分红及发展前景。如果一个企业没有好的业绩，不分红，也没有很好的发展前景，那投资利润从哪里来呢？炒作有时可以赢利，但赢的不是企业创造的利润，而是另外的"傻瓜"付给的利润，即所谓的"博傻"。

"你之所以完全不管某件艺术品的真实价值，即使它一文不值，也愿意花高价买下，是因为你预期会有更大的笨蛋花更高的价格从你手中买走它"——这就是著名经济学家凯恩斯的"博傻理论"（Theory of Greater Fool）。

2. 资本市场理论的核心

股票定价理论是资本市场理论的核心内容，其重要的理论意义在于，从微观层次上，投资者只有以科学的股票定价理论为指导才能减少盲从性和投机性；从宏观层次上，股票市场对企业发展和经济增长的积极作用是通过对资本的集中和最优配置来实现的，而后者又有赖于股票价格能够真实反映公司价值，只有这样，价格机制这只"看不见的手"才能真正发挥作用。

本章小结

股票作为市场发展的"晴雨表"，计算各种指标都是具有很好的研究价值的，本章只是介绍了几个简单的模型，其实可供研究的还有很多：

（1）股票根据市盈率来进行配对。

（2）计算股票的 24 个月、60 个月的年波动率、收益率。

（3）股票合理价格指标的深层意义。

第五章

股票市场风险指标分析

股票最基本的特征是"收益性",然而股票的收益往往是伴随着风险的,高收益伴随高风险,低收益伴随低风险。如果能对风险进行良好的预测估计,我们的投资也会变得理性,同时也能获得更高的收益。这种风险可以成为股票的不确定性。

一、股票市场风险基础知识

(一)股票市场的风险定义

我们经常会听到"高收益一般也伴随着高风险"这样的话,而风险就是那些不确定的因素可能带来的损失。

（二）股票市场的不确定性定义

与确定性相反，如果用概率来衡量，确定的概率就是1，而不确定的概率就在0~1，为什么会存在不确定性呢？因为未来有很多不可控的因素会影响真实的结果。

（三）风险与不确定性的关系

风险与不确定性的关系是理论界关于风险概念界定的争论焦点之一。

一种观点认为，风险就是一种不确定性，与不确定性没有本质区别。

另一种观点认为，尽管风险与不确定性有密切的联系，但二者有着本质的区别，不能将二者混为一谈。风险是指决策者面临的一种状态，即能够事先知道事件最终呈现的可能状态，并且可以根据经验或历史数据比较准确地预知可能状态出现的可能性的大小，即知道整个事件发生的概率分布。

（四）案例研究

该模型中，风险和不确定性是同一概念。

在实务中，一般只认为由国家财政作为支撑的国库券的支付是没有风险的，其他一切未来支付都有一定风险。在一般的交易中，风险和不确定性的存在是绝对的。影响投资工具市场价值的风险主要有两种：市场风险和信用风险。因此，我们需要度量风险。在本模型中，我们用两种方式来度量风险：一种是通过调整利率来度量，另一种是通过调整支付额来度量。

二、风险指标的计算

(一) 风险指标

风险是投资者未来收益的一种不确定性。通常，证券市场上由资产价格波动导致的投资者收益的不确定性被人们称为纯市场风险。在第一章的波动率问题上已有所涉及，风险的衡量有很多种，有前面的移动平均波动率，也有资本资产定价模型方法。本案例以资本资产定价模型为研究方法。

(二) 风险指标模型

由于本案例以资本资产定价方法为前提，因此模型要满足资本资产的一系列假设。

前提假设1：有效市场假说理论，假设市场是有效的。

前提假设2：投资者希望财富越多越好，效用是财富的函数，财富又是投资收益率的函数，因此可以认为效用为收益率的函数。

前提假设3：投资者能事先知道投资收益率的概率分布为正态分布。

前提假设4：投资风险用投资收益率的方差或标准差标识。

模型如下：

$$r_j = \alpha_j + \beta_j r_m + \varepsilon_j \tag{5-1}$$

上述模型的参数 α_j 和 β_j 是通过线性回归方法预测出来的；r_j 为股票 j 的收益率；r_m 为市场的期望收益率；ε_j 为估测的误差项。将方差作为风险的度量，根据上述假设得到股票 j 的总风险为：

$$\sigma_j^2 = \beta_j^2 \sigma_m^2 + \sigma_{\varepsilon_j}^2 \tag{5-2}$$

即股票 j 的风险分为两部分：$\beta_j^2 \sigma_m^2$ 和 $\sigma_{\varepsilon_j}^2$。前者是由市场引起的、股票 j 系统风险的度量；后者是与市场风险无关的、股票 j 的非系统风险。根据传统的投资理论，系统风险不能用优化投资组合来消除，而非系统风险则是可以通过分散化投资组合来消除的。

本节将详细介绍以下几种风险指标的计算方法：

（1）系统风险系数估计值 β。

（2）个股总风险估计值 σ。

（3）系统风险占总风险比估计值 R^2。

（4）全市股票上述三种指标的概况统计量。

（三）风险指标研究意义

1. 收益率度量风险

在对债券的估值中，如果用收益率来度量违约风险，那么违约风险的存在将引起收益率的明显增加。

2. 缺陷

在这种基础上计算出来的收益率是有风险的收益率，这种收益率不是保证能得到的。事实上，只有在所有支付被如期进行的情况下，这种高收益才能实现，否则，投资者真正得到的收益率会远低于这个收益率。

3. 增加认知

因此，通过本模型计算出的风险的利率溢价可以让投资者清楚地认识到风险的大小，同时通过模型计算出来的投资者愿付的价格作为标准来对比债券的购买价格，可以让投资者了解清楚能否购买该债券。

本章小结

风险是由不确定性造成的，而不确定性是因为市场上有着许多不确定的因素而导致。在股票市场上，正是因为对收益的渴望才导致众多投资者会冒险去投资，市场上的投资者主要分为以下三类：风险保守者、风险中立者、风险偏好者。那么，如何更好地去投资呢？

（1）面临风险时，必须要保持理性。

（2）运用技术手段来分析组合投资模型、风险指标等。

什么样的模型才是好的投资模型呢？留给读者在学完后面的内容后自行去研究。

第六章 资本资产定价模型

一、资本成本基础知识

（一）资本成本定义

资本成本是指企业取得和使用资本时所付出的代价。取得资本所付出的代价，主要指发行债券、股票的费用，向非银行金融机构借款的手续费用等；使用资本所付出的代价，主要由货币时间价值构成，如股利、利息等。

资本成本也指企业为筹集和使用资金而付出的代价。从广义上讲，企业筹集和使用任何资金，无论期限长短，都是要付出代价的。狭义的资本成本仅指筹集和使用长期资金（包括自有资本和借入长期资金）的成本。由于长期资金也被称为资本，所以长期资金的成本也称为资本成本。

(二) 资本成本组成

资本成本指企业筹集和使用资本而付出的代价，通常包括筹资费用和用资费用。

筹资费用是指企业在筹集资本过程中为取得资金而发生的各项费用，如银行借款的手续费，发行股票、债券等证券的印刷费、评估费、公证费、宣传费及承销费等。

用资费用是指在使用所筹资本的过程中向出资者支付的有关报酬，如银行借款和债券的利息、股票的股利等。

资本成本是选择筹资方式、进行资本结构决策和选择追加筹资方案的依据，是评价投资方案、进行投资决策的重要标准，也是评价企业经营业绩的重要依据。

(三) 资本成本的运用形式

（1）在比较各种筹资方式时，使用的是个别资本成本，如借款资本成本率、债券资本成本率、普通股资本成本率、优先股资本成本率、留存收益资本成本率。

（2）进行企业资本结构决策时，使用综合资本成本率。

（3）进行追加筹资结构决策时，使用边际资本成本率。

二、资本资产定价

（一）资本资产定价起源

资本资产定价模型（Capital Asset Pricing Model，CAPM）是由美国学者夏普（William Sharpe）、林特尔（John Lintner）、特里诺（Jack Treynor）和莫辛（Jan Mossin）等在资产组合理论的基础上发展起来的，是现代金融市场价格理论的支柱，被广泛应用于投资组合决策和公司理财领域。

资本资产定价模型就是在投资组合理论和资本市场理论基础上形成发展起来的，主要研究证券市场中资产的预期收益率与风险资产之间的关系，以及均衡价格是如何形成的。

（二）资本资产定价计算

在所有投资者都追求最优投资组合的条件下，就产生了资产的均衡价格和收益。资本资产定价模型 CAPM 就是确定这个均衡价格的模型。

CAPM 成立的基本条件如下：

前提假设 1：投资者在资本增值和红利之间无偏向。

前提假设 2：有健全的股票竞争机制，即有许多的买者和卖者，任何单个投资者都不能通过单独的行动影响股票价格。

前提假设 3：投资者希望财富越多越好，效用是财富的函数，财富又是投资收益率的函数，因此可以认为效用为收益率的函数。

前提假设 4：资产是无穷可分的。

前提假设 5：不存在交易费用。

前提假设 6：所有资产都是市场化的。

前提假设 7：投资者都遵守主宰原则（Dominance Rule），即同一风险水平下，选择收益率较高的证券；同一收益率水平下，选择风险较低的证券。

上述假设表明：第一，投资者是理性的，而且严格按照马科威茨模型的规则进行多样化的投资，并将从有效边界的某处选择投资组合；第二，资本市场是完全有效的市场，没有任何摩擦阻碍投资。

CAPM 体现了两个基本关系，第一种关系为资本市场线（CML），通过这种关系可以确定一个投资组合的预期收益，如果该投资组合能提供这样的预期收益，那么它就是一个有效组合。

资本市场线的公式：

$$E(R_P) = R_f + \sigma_P \frac{E(R_M) - R_f}{\sigma_M} \tag{6-1}$$

资本市场线给出了有效组合预期收益和风险之间的关系。

第二种关系为证券市场线（SML），它既可以解决单个证券的定价，也可以解决组合证券的定价。

证券市场线的公式：

$$E(R_P) = R_f + \beta_p \left[E(R_M) - R_f \right] \tag{6-2}$$

证券市场线的应用比资本市场线更广泛。

在实际应用中，我们经常采用基于超额收益形式的 CAPM 方程：

$$R_P - R_f = \alpha_p + \beta_p (R_M - R_f) + \varepsilon_P \tag{6-3}$$

其中，R_f 为市场无风险收益率；R_M 为市场期望的收益率；R_p 为股票的收益率；α_p 为线性估计参数常数项；β_p 为线性估计系数。

（三）资本资产定价的意义

1. CAPM 结论

CAPM 模型给出了一个非常简单的结论：只有一种原因会使投资者得到更高回报，那就是投资高风险的股票。毋庸置疑，这个模型在现代金融理论里占据着主导地位。

在 CAPM 模型里，最难以计算的就是 β 的值。当诺贝尔奖获得者尤金·法玛（Eugene Fama）和弗兰奇（Kenneth French）研究 1963~1990 年纽约证交所，美国证交所以及纳斯达克市场（NASDAQ）里的股票回报时发现：在这么长的时期里 β 值并不能充分解释股票的表现。单个股票的 β 和回报率之间的线性关系在短时间内也不存在。他们的发现似乎表明了 CAPM 并不能有效地运用于现实的股票市场内。

2. 应用领域

在资产估值方面，资本资产定价模型主要被用来判断证券是否被市场错误定价。

根据资本资产定价模型，每一证券的期望收益率应等于无风险利率加上该证券由 β 系数测定的风险溢价：

$$E(r_i) = r_f + [E(r_m) - r_f] \beta_i \tag{6-4}$$

一方面，当我们获得市场组合的期望收益率的估计和该证券的风险 β_i 的估计时，我们就能计算市场均衡状态下证券 i 的期望收益率 $E(r_i)$；另一方面，市场对证券在未来所产生的收入流（股息加期末价格）有一个预期值，这个预期值与证券 i 的期初市场价格及其预期收益率 $E(r_i)$ 之间有如下关系：

$$E(r_i) = \frac{E(股息 + 期末价格)}{起初价格} - 1 \tag{6-5}$$

在均衡状态下，上述两个 $E(r_i)$ 应有相同的值。因此，均衡期初价格应定为：

$$均衡的期初价格 = \frac{E(股息 + 期末价格)}{1 + E(r_i)} \tag{6-6}$$

于是，我们可以将现行的实际市场价格与均衡的期初价格进行比较。二者不等，则说明市场价格被误定，被误定的价格应该有回归的要求。利用这一点，我们便可获得超额收益。具体来讲，当实际价格低于均衡价格时，说明该证券是廉价证券，我们应该购买该证券；相反，我们则应卖出该证券，而将资金转向购买其他廉价证券。

当把公式中的期末价格视作未来现金流的贴现值时，公式也可以被用来判断证券市场价格是否被误定。

3. 资源配置组合投资

资本资产定价模型在资源配置方面的一项重要应用，就是根据对市场走势的预测来选择具有不同 β 系数的证券或组合以获得较高收益或规避市场风险。

证券市场线表明，β 系数反映证券或组合对市场变化的敏感性，因此，当有很大把握预测牛市到来时，应选择那些高 β 系数的证券或组合。这些高 β 系数的证券将成倍地放大市场收益率，带来较高的收益。相反，在熊市到来之际，应选择那些低 β 系数的证券或组合，以减少因市场下跌而造成的损失。

本章小结

资本资产的定价有许多影响因素：通货膨胀、风险回避程度变化、股票 β 系数的变化，这些因素里有些可以用量来衡量，而有些却只能靠直观判断来衡量。CAPM 模型当中的假设条件其实是有一些悖论的，实际上市场是不可能完全有效的，它不是一个完美的模型。但是其分析问题的角度却是正确的。CAPM 模型提供了一个可以用量来衡量风险的模型。能帮助投资者分析，所得到的额外回报是否与其中的风险相匹配。另外，此模型也暗合了马克思主义经典的政治经济学理论，"价格围绕着价值上下波动"。

第七章 债券定价模型

一、债券的基础知识

（一）债券的定义

债券（bond）是一种金融契约，是政府、金融机构、工商企业等直接向社会借债筹措资金时，向投资者发行，同时承诺按一定利率支付利息并按约定条件偿还本金的债权债务凭证。债券的本质是债的证明书，具有法律效力。债券购买者或投资者与发行者之间是一种债权债务关系，债券发行人即债务人，投资者（债券购买者）即债权人。

债券是一种有价证券。

由于债券的利息通常是事先确定的，所以债券是固定利息证券（定息证券）的一种。在金融市场发达的国家和地区，债券可以上市流通。在中国，比较典型的政府债券是国库券。人们对债券不恰当的投机行为，例如无货沽空，可导致金融市场的动荡。

（二）债券的特征

债券作为一种债权债务凭证，与其他有价证券一样，也是一种虚拟资本，而非真实资本，它是经济运行中实际运用的真实资本的证书。

债券作为一种重要的融资手段和金融工具具有如下特征：

1. 偿还性

债券一般都规定有偿还的期限，发行人必须按约定的条件偿还本金并支付利息。

2. 流通性

债券一般都可以在二级或者一级市场上自由转让。

3. 安全性

与股票相比，债券通常规定有固定的利率。与企业的绩效没有直接的联系，收益比较稳定，风险较小。此外，在企业破产时，债券持有者享有优先于股票持有者对企业剩余资产索取的权利。

4. 收益性

债券的收益性主要表现在两个方面：一是投资债券可以给投资者定期或不定期地带来利息收入；二是投资者可以利用债券价格的变动，买卖债券赚取差额。

（三）债券的分类

按照发行主体，可以分为：

1. 政府债券

政府债券是政府为筹集资金而发行的债券。主要包括国债、地方政府债券等，其中最主要的是国债。国债因其信誉好、利率优、风险小而又被称为"金边债券"。除了政府部门直接发行的债券外，有些国家把政府担保的债券也划归为政府债券体系，称为政府保证债券。这种债券由一些与政府有直接关系的公司或金融机构发行，并由政府提供担保。

中国历史上发行的国债主要品种有国库券和国家债券，其中国库券自 1981 年后基本上每年都发行。主要对企业、个人等；国家债券曾经发行包括国家重点建设债券、国家建设债券、财政债券、特种债券、保值债券、基本建设债券，这些债券大多对银行、非银行金融机构、企业、基金会等定向发行，部分也对个人投资者发行。

向个人发行的国库券利率基本上根据银行利率制定，一般比银行同期存款利率高 1~2 个百分点。在通货膨胀率较高时，国库券也采用保值办法。

2. 金融债券

金融债券是由银行和非银行金融机构发行的债券。在我国金融债券主要由国家开发银行、进出口银行等政策性银行发行。金融机构一般有雄厚的资金实力，信用度较高，因此金融债券往往有良好的信誉。

3. 公司（企业）债券

在国外，没有企业债和公司债的划分，统称为公司债。在我国，企业债券是按照《企业债券管理条例》规定发行与交易、由国家发展与改革委员会监督管理的债券，在实际中，其发债主体为中央政府部门所属机构、国有独资企业或国有控股企业，因此，它在很大程度上体现了政府信用。公司债券管理机构为中国证券监督管理委员会，发债主体为按照《中华人民共和国公司法》设立的公司法人，在实践中，其发行主体为上市公司，其信用保障是发债公司的资产质量、经营状况、盈利水平和持续盈利能力等。公司债券在证券登记结算公司统一登记托管，可申请在证券交易所上市交易，其信用风险一般高于企业债券。2008 年 4 月 15 日起施行的《银行间债券市场非金融企业债务融资工具管理办法》进一步促进了企业债券在银行间债券市场的发行，企业债券和公司债券成为我国商业银行越来越重要的投资对象。

二、可转换债券

（一）可转换债券的概念

可转换公司债券，简称可转换债券，是一种可以在特定时间、按特定条件转换为普通股股票的特殊企业债券。可转换债券的几个相关要素如下：

面值：我国可转换债券面值是 100 元，最小交易单位是 1000 元。

票面利率：与普通债券一样，可转债也提供票面利率，不过可转债票面利率比普通债券要低，之所以这样是因为可转换公司债券的价值除了利息之外还有股票买权这一部分，一般情况下，该部分的价值可以弥补股票红利的损失，这也是吸引投资者的主要原因。在其他条件相同的情况下，高票面利率相对转股压力大，发行公司也要支付更高的利息。

转股价格：转股价格是指可转债转换成每股股票所需支付的价格。

转换比率：转换比率是指一个单位可转债转换成的股票数量。数学表达式为：转换比率＝面值／转股价格。

转换价值：可转债按照标的股时价转换的价格，一般就是标的股票的即期价格。

转换期限：转换期限是指可以将债券转换成股票的时间范围，时间段包括从债券发行日至到期日。

可转换债券兼具债券和股票的特性，含有以下三个特点。

（1）债权性：与其他债券一样，可转换债券也有规定的利率和期限，投资者可以选择持有债券到期，收取本金和利息。

（2）股权性：可转换债券在转换成股票之前是纯粹的债券，但在转换成股票之后，原债券持有人就由债权人变成了公司的股东，可参与企业的经营决策和红利分配。

（3）可转换性：可转换性是可转换债券的重要标志，债券持有者可以按约定的条件将债券转换成股票。转股权是投资者享有的、一般债券所没有的选择权。可转换债券在发行时就明确规定，债券持有人可按照发行时约定的价格将债券转换成公司的普通股股票。如果债券持有者不想转换，则可继续持有债券，直到偿还期满时收取本金和利息，或者在流通市场出售变现。

可转换债券的投资者还享有将债券回售给发行人的权利。一些可转换债券附有回售条款，规定当公司股票的市场价格持续低于转股价达到一定幅度时或达到一定条件时，债券持有人可以把债券按约定条件出售给债券发行人，从金融的角度来看，回售权可以看做是卖出期权，另外，某些债券还赋予发行人回赎权。

公司通过可转债融资有以下几点好处：

（1）可转债相对于普通债券和银行贷款，提供的利率更低，是一条低成本融资的有效渠道。即使最后要偿还大部分债券，通过可转债融资也是一种非常有效的手段。

（2）可转债相对于普通股票发行，可获资金更多。可转债一般采取高于股票一定百分比的溢价转换，能够以相当于当前市场价格的溢价来远期销售公司的股票。所以在同等股本扩张的条件下与增发和配股相比，可转债融资得到的资金更多。

（3）可转债相对于企业其他资本扩充方法来说，具有减缓发行人股东权益稀释速度的效果。发行新股和配股等直接的股权融资会迅速扩张股本，稀释现有的公司权益，可转债融资则减缓了新股东对老股东的每股 EBIT 的稀释效应，对权益的稀释作用要延迟到债券转换为止。

（4）可转债发行相对普通债和股票发行受到的限制更少。普通债利率受到公司等级影响，而可转债并不存在这样的问题，我国可转债发行甚至没有公司评级这样的规定。

（5）可转债发行量大，期限长，适应于项目融资。

（二）可转换债券定价

传统的可转债定价理论认为，可转债是兼有债券性和期权性的一种复合金融产品。其债权性体现在债转股前，可转债持有人是企业的债权人，享有定期获得利息和到期获得本金的权利。可转债的期权性体现在它赋予持有人在未来时间内，以一定价格买进相应量股票的权利。这种期权实际上是投资者购买的一种买入期权。当可转债对应的股票不支付或支付很少的红利时，可转债不会被提前转股，所以其价格可以看成纯债券价值和欧式买入期权之和。

假设债券价值为 S，以转股价为执行价的买入期权价格，则可转债的价格应该满足：

$$V = S_v + \frac{100}{K} C \tag{7-1}$$

其中，K 为转股价格，$\frac{100}{K}$ 为转股比例。

纯债券价值等于可转债未来现金流量的现值。现金流量包括每年一次支付的利息和期末偿还的本金，所以用一般的贴现现金流法可以计算出 S。债券价值 S 可以表示成：

$$S = \sum_{t=0}^{n} \frac{D_{N-n+t}}{(1+r)^{t+h}} + \frac{Par}{(1+r)^{n+h}} \tag{7-2}$$

其中，r 为市场贴现率；Par 为本金；N 为债券的期限；n 为从现在起至到期日的剩余年限的整数年；h 为从现在起至下一次付息日的小数年数；n+h 为从现在开始至到期日剩余年限；D_i 为从现在起第 i+1 次付息日所支付的票面利息。

三、可赎回债券定价

（一） 可赎回债券定义

1. 定义

可赎回债券是债券到期前发行人可提前赎回的债券。最早的赎回日通常在债券发行几年之后。债券期限的不确定给价格和收益率的计算带来了困难。

2. 计算原则

由于发行人可选择赎回日，因而投资者就得按对自己最不利的赎回日来计算价格。这是投资者购买可赎回债券时计算的原则。本模型讨论的依旧是债券中最重要的一个问题：可赎回债券的定价问题。

（二） 可赎回债券计算

前提假设 1：因为赎回权对投资者是不利的，所以在计算可提前赎回债券的价格和收益率时，假设发行人会在对投资者最不利的时机赎回债券，并按这一原则计算债券价格。

前提假设 2：假设可赎回条款通常在债券发行几年之后才开始生效。

计算公式如下：

利用溢价折价公式计算各种赎回日下赎回时的债券价格：

$$P = C + (F \times r - C \times i) \times a_{mli} \tag{7-3}$$

其中，a_{mli} 为年限是 m、年利率是 i 的期末付年金的现值；C 为债券面值；F 为当期价格；P 为投资者愿意付的最高购买债券的价格为 P 的最小值；r 为市场利率；i 为年利率。

（三）可赎回债券意义

1. 计算出债券定价

可计算出可赎回债券的定价，即投资者愿付的最高购买价。

2. 可赎回债券的动机

（1）发行人提前赎回债券通常是由于利率下调，新的低利率环境使得公司需要支付更多成本，所以发行人倾向于赎回老的债券，再以新利率为基准发行新的债券以减少利息支出。

（2）通常可赎回债券是在预期未来利率有可能下调的情况下发行的，一般其利息率会高于不可赎回债券以补偿持有人承担的提前赎回风险，但不管怎样，多数投资者都不大接受可赎回债券，除非有诱人的补偿条款。

四、债券和股票的联系及定价方式

（一）股票和债券如何定价

1. 股票和债券的理解

股票价格与债券价格走向是相反的，债券是股票的避险工具，一旦股市有变，债券是最好的避险工具。

实际上股票价格与债券价格有时会保持相同走向，即一同涨跌。大多数人之所以会认为股票价格与债券价格走向相反，主要是因为一旦经济不好，债券往往是最好的避险工具，从而导致购买者众多，由于供需关系的原因，使债券价格上升，而股票价格和债券收益率下降。如图 7-1 所示。

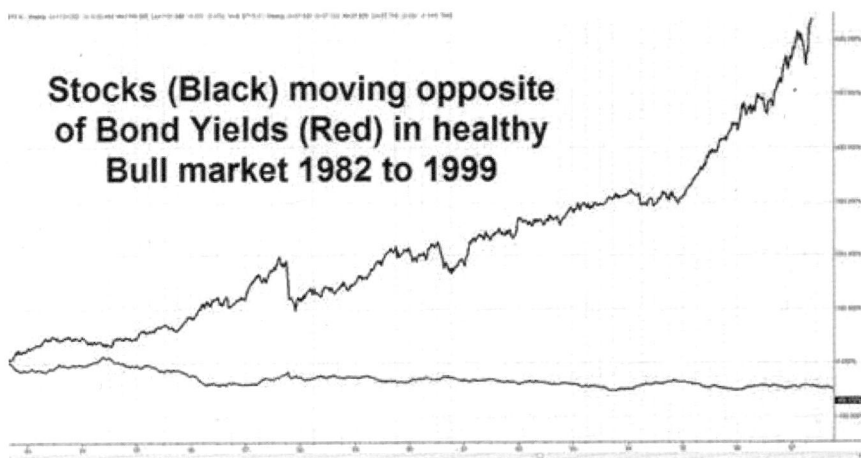

图 7-1　股票和债券沿着相反的方向运动

2. 股票如何定价

从理论上讲，股票本身没有价值，但它可以当作商品出卖，并且有一定的价格。股票价格（Stock Price）又叫股票行市，是指股票在证券市场上买卖的价格。股票价格分为理论价格与市场价格。股票的理论价格不等于股票的市场价格，两者甚至有相当大的差距。但是，股票的理论价格为预测股票市场价格的变动趋势提供了重要的依据，也是股票市场价格形成的一个基础性因素。

3. 债券如何定价

债券价格是指债券发行时的价格。理论上，债券的面值就是它的价格。但实际上，由于发行者的种种考虑或资金市场上供求关系、利息率的变化，债券的市场价格常常脱离它的面值，有时高于面值，有时低于面值。也就是说，债券的面值是固定的，但它的价格却是经常变化的。

证券价值等于未来现金流的现值。

（二）股票和债券定价计算公式

前提假设：模型中的现金流可以持续，公司可以按照假设续存。

本模型考虑股票和债券的价格：

股利固定不变时的股票价格：

$$P = \frac{sr}{r} \tag{7-4}$$

其中，sr 为股利；r 为年利率。

股利有增长时的股票价格：

$$P = \frac{sr}{r - dr} \tag{7-5}$$

其中，sr 为股利；r 为年利率；dr 为股利增长率。

不同阶段股利增长时的股票价格：

$$P = \sum \frac{sr \times (1 + dr1)^i}{(1 + r)^i} + \frac{\frac{nr}{r - dr2}}{(1 + r)^T} \tag{7-6}$$

其中，sr 为股利；r 为年利率；dr1 为股利增长率 1；dr2 为股利增长率 2；nr 为下一期的股利；T 为计息期；P 为股票价格。

纯贴现债券现值：

$$P = \frac{p_0}{(1 + r)^T} \tag{7-7}$$

其中，P_0 为债券面值；r 为年利率；T 为计息期。

付息债券现值：

$$P = ep + np \tag{7-8}$$

其中，ep 为每期现金流折现部分；np 为面值折现部分。

（三）债券股票定价的意义

1. 两者关系

当市场上购买债券的投资人增多，债券价格会上升，债券收益率下降，也就是说会相应地迫使利率下降；结果是使企业融资成本下降，收益变好，从而使经济得到进一步扩张，股市呈现牛市状态，股票市场会进一步上升。因而长时间来看，在通常情况下，可以认为股票与债券价格应该是相互关联，一同涨跌的，一旦背离这一原则，往往会暗示市场要发生某些变化。

2. 缺陷

以上模型是对现实世界的简化,并不能解释观察到的股票债券的每一个特征。但是,这些模型很简单,并且提供了一种估计复杂价值的绝好的出发点。

本章小结

债券作为一种低风险的投资工具,其中政府债券被称为"金边债券",它的流动性非常强,按照付息的方式可分为贴现债券,累计息债券等等,为一些风险保守者提供了很好的投资方式。对于各种不同的债券的计算方式都各有不同,具体该怎么计算呢? 留给读者自己去思考和学习。

基金绩效评估模型

一、基金研究背景

　　基金（Fund）有广义和狭义之分，从广义来讲，基金是指为了某种目的而设立的具有一定数量的资金。主要包括信托投资基金、公积金、保险基金、退休基金和各种基金会的基金。从狭义来讲，就是一些投资者将手上闲散的资金交托给某个投资经纪人进行投资，从而获取一部分利润的投资方式。基金的运作方式主要为开放式基金和封闭式基金。平常所说的基金主要是指证券投资基金。

　　最早的对冲基金是哪一支，现在还不确定。在 20 世纪 20 年代美国的大牛市时期，这种专门面向富人的投资工具数不胜数。其中最有名的是 Benjamin Graham 和 Jerry Newman 创立的 Graham-Newman Partnership 基金。

　　投资者在选择基金之前首先对基金业绩要有一个清醒的认识。目前，一般的投资者仅凭历史业绩选择投资基金，的确，以往的业绩在评估基金时是一个非常重要的因素。但只靠它是远远不够的，因为基金管理人或基金销售机构在提供基金的历史业绩数据时，可能会精心策划，突出业绩好的时期，再加上媒体的过度宣传，将会导致基金表面上的业绩大大超过上一时期的业绩。所以，针对这一点本章节将讨论量化基金绩效评估。

二、基金盈利指标的计算

衡量基金的盈利指标，最主要的就是这只基金的收益率。由于私募基金有些特殊的衡量盈利的指标，所以分两个部分进行介绍。

（一）共同基金与对冲基金的盈利指标

共同基金根据投资策略的不同分为：货币市场基金、股票基金、债券基金、国际基金、平衡性基金、资产配置灵活基金、指数基金。

对冲基金类似于共同基金，汇聚投资人的资金并按照投资比例分配投资收益。但是，较之共同基金，对冲基金的投资手段会运用到空头，财务杠杆和金融衍生品等。衡量对冲基金的收益方式和共同基金大体相同。不同在于，对冲基金不需要像共同基金那样每天公布基金净值或者投资收益率。

由于计算对冲基金和共同基金收益率的方法相同，我们将这两种放在一起讨论：

基金的收益率是通过计算基金的单位净值（Net Asset Value，NAV）的增减与收入分配（基金分红）计算而得。

总收益率（Total Return）的计算公式为：

$$TR = \left\{ \frac{NAV_e}{NAV_b} \prod_{i=1}^{n} \left(1 + \frac{D_i}{NAV_i} \right) \right\} - 1$$

$$NAV = \frac{基金有价证券总价值 - 基金总负债}{基金份额总数}$$

其中，TR 为月度回报率；NAV_e 为计算期末基金单位净值；NAV_b 为计算期初基金单位净值；D_i 为计算期间时点 i 的单位基金分红金额；NAV_i：为计算时点 i 时的基金单位净值；n 为分红次数。

以上公式还可用来计算季度和年度的累计收益率。

注：此基金收益率的计算方法不包括基金的税收和交易费用。

除了以上方法，我们还可以用连续复利（Continuous Compounding）的方式来计算基金的收益率。

$$r_{e,b} = \ln\,(1+TR) = \ln\left(\frac{NAV_e}{NAV_b}\right) = \ln\,(NAV_e) - \ln\,(NAV_b)$$

$r_{e,b}$ 为在计量期间的基金连续复利收益率。

（二）私募基金的盈利表现与盈利指标

有限合伙（LP）和普通合伙（GP）的结构是私募基金中最普遍的一种结构。私募基金的盈利走势通常呈一个 J-曲线（J-Curve）的形状。如图 8-1 所示的长安信托——银帆 3 期自私募基金成立至 2012 年 12 月，其基金净值大概呈 J 形状的走势。

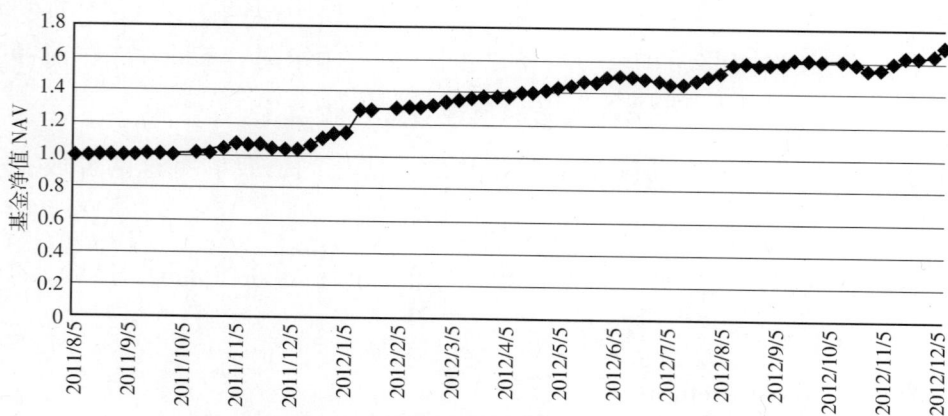

图 8-1　长安信托——银帆 3 期基金净值表现

这是因为，私募基金的经营初期需要支付管理费用和开办费用。一些投入的项目并不能马上盈利。使得基金在开始的一段时间，负债大于资产。而在后面的一段时间，由于投资项目开始取得回报，于是基金也开始盈利。

那么衡量私募基金盈利情况的主要有以下几个乘数：

资本公积（Paid-in-Capital，PIC）：普通合伙人投入项目中的总资本。

分配收益率（DPI）：衡量有限合伙人已经得到的回报。

待分配收益率（RVPI）：衡量有限合伙人还未实现的回报。

总收益率（TVPI）：除去管理费和普通合伙人附带权益后的总收益率，通常等于 DPI 与 RVPI 之和。

三、基金绩效评估指标

基金绩效评价的传统方法主要是考察基金的单位净资产、投资收益率和回报率等，它们虽然第一程度上反映了基金资产组合的风险，却未能对其进行系统和合理的量化分析。资产组合理论和资本资产定价模型提出后，陆续出现了一些基金绩效评估指标，其中最著名的是特雷洛（Treynor）指数、夏普（Sharpe）指数、詹森（Jensen）指数。

（一）特雷洛指数

1965 年，杰克·特雷洛（Jack L.Treynor）在美国《哈佛商业评论》上发表《如何评价投资基金的管理》一文，首次提出一种评估基金业绩的综合指标，即特雷洛指数。

在投资学理论中，衡量投资收益的风险一般采用两个指标：一是其历史收益率标准差 σ，衡量投资收益的风险；二是系统性风险系数，即 β 系数的估计值。特雷洛认为，基金管理者通过有效投资组合应能完全消除单一资产所有的非系统风险，那么基金组合的系统风险（即证券市场特征线的斜率）就能较好地刻画基金的风险，因此特雷洛用单位系统性风险系数所获得的超额收益率来衡量投资基金的业绩。特雷洛利用美国 1953~1962 年 20 支基金（含共同基金、信托基金与退休基金）的年收益率资料，进行基金业绩评估的实证研究。特雷洛指数的计算公式为：

$$T_i = \frac{\overline{R_i} - \overline{R_f}}{\beta_i}$$

其中，T_i 为特雷洛绩效指标，$\overline{R_i}$ 为 i 基金在样本期内的平均收益率，$\overline{R_f}$ 为样本期内的平均无风险收益；$\overline{R_i} - \overline{R_f}$ 为 i 基金在样本周期内的平均风险溢酬，β_i 为基金投资组合所承担的系统风险。

特雷洛指数表示的是基金承受每单位系统风险所获取风险收益的大小。其评估方法是首先计算样本期内各种基金和市场的特雷洛指数，然后进行比较，较大的特雷洛指数意味着较好的绩效。特雷洛指数评估法隐含了非系统风险已全部被消除的假设，在这个假设前提下，特雷洛指数作为单位系统风险收益的指标，能反映基金经理的市场调整能力。不管市场是处于上升阶段还是下降阶段，较大的特雷洛指数常常代表着较好的绩效，这是特雷洛指数的优越之处。但是，如果基金投资组合的非系统风险没有全部消除，特雷洛指数可能给出错误信息——具有较高的特雷洛指数的基金，可能因为承担了很大的非系统风险，实际的业绩绩效并不好。因此，特雷洛指数模型不能评估基金经理分散和降低非系统风险的能力。

（二）夏普指数

1966 年，威廉·夏普（Wiliam F.Sharpe）在美国《商业学刊》上发表《共同基金的业绩》一文，提出用单位总风险的超额收益率来评价基金业绩，即夏普指数。夏普指数把资本市场线作为评估标准，在对基金总风险进行衡量的基础上进行基金绩效评估。夏普利用美国 1954~1963 年 34 支开放式基金的年收益率资料进行绩效的实证研究。夏普指数的计算公式为：

$$S_i = \frac{\overline{R_i} - \overline{R_f}}{\sigma_i}$$

其中，S_i 为夏普绩效指标，$\overline{R_i}$ 为 i 基金在样本期内的平均收益率，$\overline{R_f}$ 为样本期内的平均无风险收益率，$\overline{R_i} - \overline{R_f}$ 为 i 基金在样本期内的平均风险溢酬，σ_i 为 i 基金收益率的标准差，即基金投资组合所承担的总风险。采用夏普指数评估模型时，首先计算市场上各种基金在样本期内的夏普指数和整个证券市场的夏普指数，然后进行比较，较大的夏普指数代表较好的绩效。

夏普指数和特雷洛指数一样，能够反映基金经理的市场调整能力。和特雷洛指数不同的是，特雷洛指数只考虑了系统风险，而夏普指数同时考虑了系统风险和非系统风险，即总风险。因此，夏普指数相比特雷洛指数，能够反映基金经理分散和降低非系统风险的能力。如果证券投资基金已完全分散了非系统风险，则夏普指数和特雷洛指数的评估过程是一样的。

以夏普比率的大小对基金表现排序的理论基础在于，假设投资者可以用无风险利率进行借贷，那么通过确定适当的融资比例，高夏普比率的基金总是能够在同等风险的情况下获得比较低的夏普比率的基金更高的投资收益率。例如，假设有两支基金 A 和 B，A 基金的年平均净值增长率为 20%，标准差为 10%，B 基金的年平均净值增长率为 15%，标准差为 5%，年平均无风险收益率为 5%，那么基金 A 和基金 B 的夏普比分别为 1.5 和 2。依据夏普比率，基金 B 的风险调整收益要好于基金 A。为了更清楚地对此加以解释，可以以无风险利率水平，融入等量的资金（融资比例为 1∶1）投资于 B，那么，B 的标准差将会扩大 1 倍，达到与 A 相同的水平。但这时 B 的净值增长率等于 25%（2×15%−5%），则要大于 A 基金。使用月夏普比率及年夏普比率的情况较常见。国际上一般取 36 个月度的基金净值增长率和 3 个月期的短期国债利率来计算夏普比率。

夏普比率计算上尽管非常简单，但在具体运用中仍不可忽略以下注意事项：

（1）用标准差对收益进行风险调整，其隐含的假设就是所考察的组合构成了投资的全部。因此只有考虑在众多的基金中选择购买时，夏普比率才能够作为一项重要的决策依据。

（2）使用标准差作为风险指标也具有不恰当性。

（3）夏普比率的有效性还依赖于可以以相同的无风险利率借贷的假设。

（4）夏普比率没有基准点，因此其大小本身没有意义，只有在与其他基金的比较中才能有价值。

（5）夏普比率是线性的，但在有效前沿上，风险与收益之间的变换并不是线性的。因此，夏普指数在对标准差较大的基金绩效衡量上存在偏误。

（6）夏普比率未考虑组合之间的相关性，因此纯粹依据夏普值的大小构建组合存在很大问题。

（7）夏普比率与其他很多指标一样，衡量的只是基金的历史业绩表现，而实际投资中往往并不能简单地依据基金的历史表现进行未来操作。

（8）夏普指数计算上同样存在一个稳定性问题，夏普指数的计算结果与时间跨度及收益计算的时间间隔选取有关。

尽管夏普比率存在上述诸多限制和问题，但它仍以其计算上的简便性和不需要过多的假设条件，而在实践中获得广泛的运用。

（三）詹森指数

特雷洛指数和夏普指数都是用收益率、风险的相对数评价基金业绩。1968年，詹森（Michael C.Jensen）在《金融学刊》上发表的《1945~1964年共同基金的业绩》一文中，提出一种以资本资产定价模型（CAPM）为基础的评价基金业绩的绝对指标，即詹森指数（亦称为詹森的指数）。詹森利用美国1945~1964年15支基金的年收益率资料以及S&P500计算的市场收益率进行了实证研究。詹森指数的计算公式为：

$$J_i = R_{i,t} - \left[R_{f,t} + \beta_i \left(R_{m,t} - R_{f,t} \right) \right]$$

其中，J_i 为詹森绩效指标；$R_{m,t}$ 为市场投资组合在 t 时期的收益率；$R_{i,t}$ 为 i 基金在 t 时期的收益率；$R_{f,t}$ 为 t 时期的无风险收益率；β_i 为基金投资组合所承担的系统风险。

詹森指数为绝对绩效指标，表示基金的投资组合收益率与相同系统风险水平下市场投资组合收益率的差异，当该值大于零时，表示基金的绩效优于市场投资组合绩效。当基金和基金之间比较时，詹森指数越大越好。

詹森指标奠定了基金绩效评估的理论基础，也是迄今为止使用最广泛的指数模型之一。但是，用詹森指数评估基金整体的绩效隐含了一个假设，即基金的非系统风险已通过投资组合彻底分散掉（与特雷洛指数的假设相同）。因此，该指数只能反映收益率和系统风险因子间的关系。

对上面三种指数的应用进行比较分析。夏普指数和特雷洛指数均为相对绩效度量方法，而詹森指数是一种在风险调整基础上的绝对绩效度量方法，表示在完全的风险水平情况下，基金经理对证券价格的准确判断能力。特雷洛指数和詹森指数在对基金绩效评估上，均以 β 系数来测定风险，忽略了基金投资组合中所含证券的数目（即基金投资组合的广度），只考虑获得超额收益的大小（即基金投资组合的深度）。而衡量基金投资组合的绩效时，基金投资组合的广度和深度都必须同时考虑。在夏普指数和特雷洛指数这两种模型的选择上，要取决于评估基金的类型。如果所评估的基金是属于充分分散投资基金（或者投资者本身拥有比较多的基金），投资组合的 β 能更好地反映基金的风险，因此特雷洛指数模型是较好的选择；如果所评估的基金是属于专门投资于某一行业的基金时，相应的风险指标一般优于投资组合收益的标准差，此时运用夏普指数模型比较适宜。

（四）信息比率

信息比率（Information Ratio）以马科维茨的均值方差为基础，可以用来衡量基金与业绩的差异特征。其计算公式如下：

$$IR = \frac{\overline{D_p}}{\sigma_D}$$

其中，$D_p = R_p - R_b$ 为基金与基准组合的差异收益率；$\overline{D_p}$ 为差异收益率的均值；σ_D 为差异收益率的标准差。

基金收益率相对于基准组合收益率的差异收益率的均值，反映了基金收益率相对于基准组合收益率的表现。基金收益率与基准组合收益率之间差值的标准差，通常被称为跟踪误差。所以信息比率即为单位跟踪误差的超额收益。信息比率越大，说明基金的超额收益越高。因此，信息比率较大的基金业绩表现要好于信息比率较低的基金。

本章小结

    本章我们讨论了衡量基金绩效的指标，其中涉及了一些有关风险计量与风险管理的内容。衡量一只基金的好坏，已经不能仅仅通过观测它的收益率来概括，风险的衡量与控制已经成了另一个投资理财领域的重要议题。

第九章

期货投资交易模型与策略

2010 年 4 月 16 日沪深 300 股指期货合约正式上市交易，代表着中国做空交易正式形成，为量化交易模型与策略打开更广阔的平台。这一章将简要叙述股指期货在趋势交易、跨期套利交易、跨品种交易以及目前流行的高频交易模型中的实例。

一、股指期货趋势交易模型

在期货投资领域中利用技术指标进行模型策略交易是应用最多的分析方法，常见的技术分析交易策略模型包括但不限于趋势交易策略模型、突破策略模型、通道交易策略模型、缺口回补策略模型等，在这些不同的策略模型之中，趋势交易模型的应用最为广泛，以对冲基金领域的 CTA（Commodity Trading Advisor）为例，根据 Autumngold 的统计，在 Commodity Futures Trading Commission 注册的业绩可查的 321 家 CTA 中，大部分应用了系统的程序化策略进行交易，其中有 144 家采用了趋势交易策略。

股指期货趋势交易模型是通过频繁交易利用日内波动进行买卖操作。准确的择时是股指期货趋势交易策略模型成功运用的前提，而技术指标正是一种择时的工具，所以在证券市场效率尚未达到有效之前，技术指标尚有用武之地，尤其随着股指期货的推出，可 T+0 的交易机制与技术指标的择时特性得到了结合。

（一）交易模型与策略原理

近年来，技术指标分析系统、线性时间序列分析系统随着人工智能的发展在国外得到演化，基于人工神经网络、贝叶斯网络、模式识别技术的复杂程序化交易系统在实务中开始运用。本节就以一个简单的技术分析指标为例，构建股指期货的趋势交易，证实技术分析的有效性。

1. 技术分析的假设

技术分析方法是通过对市场行为本身的分析来预测市场价格的变化方向，即主要是将期货市场往日有关价、量、时、空的日常交易资料，按照时间序列绘制成图形或图表，然后针对这些图形或图表进行分析研究，预测期货价格走势。

技术分析方法的本质是一种经验模型，它解释变化原因的依据是经验模型内部建立起来的逻辑关系。当我们按时间顺序将价格进行排列时会发现某种相对比较稳定的模式。例如，形态分析中，上升三角形完成后，一般会向上突破，而且这种模式在许多期货价格运动中频频出现。于是，技术分析者就会判断这种模式今后也许还会继续出现，当它们再度出现时，就会根据已总结的模式去判断未来价格的变化趋势。不仅价格本身是经验模型，我们还可以通过成交量、时间、空间分析发现许多经验模型，并加以利用。

技术分析的任务就是从波动模式中提炼出价格模型的经验模型。进行技术分析时，我们一般将经验模型内部的逻辑关系作为推理的基础，从价、量、时、空等角度寻找波动的理由，解释其中的因果规律，对市场趋势进行研讨，并对未来价格波动做出分析。

技术分析有三个基本假设：市场行为涵盖一切信息、价格以趋势方式演变和历史会重演。

"市场行为涵盖一切信息"构成了技术分析的基础。技术分析者认为，能够影响某个期货品种价格的任何因素——基础的、政治的、心理的或任何其他方面的——实际上都反映在其价格之中。既然影响市场价格的所有因素最终必定要通过市场价格反映出来，那么，研究价格就够了。实际上，技术分析师只不过是通过研究价格图表及大量的辅助技术指标，让市场自己揭示它最可能的走势，而并不是凭分析师的精明"征服"市场。

"价格以趋势方式演变"。"趋势"概念是技术分析的核心。研究价格图表的重要意义，就是要在一个趋势发生的早期，及时准确地把它揭示出来，从而达到顺势交易的目的。事实上，技术分析在本质上就是顺应趋势，即以判定和追随既成趋势为目的。依据"价格以趋势方式演变"假设，对于一个既成的趋势来说，市场价格下一步常常是沿着现存趋势方向继续演变，而掉头反向的可能性相对较小。一旦既有市场趋势发生转变，新的市场趋势就会形成。

"历史会重演"。技术分析与人类心理有着千丝万缕的联系。比如价格形态，它们通过一些特定的价格图表表现出来，而这些图表表示了人们对某市场看好或看淡的心理。既然它们在过去很有效，就不妨认为它们在未来同样有效，因为它们是以人类心理为根据的，而人类共性的心理和行为特征往往会在相似的博弈状态和市场条件下产生相似的博弈结果。

2. 技术分析的优点和缺点

技术分析也具有两面性，它的优点和缺点有：

技术分析相对于基本分析有以下几大优点：

（1）具有可操作性。影响市场的任何因素归根结底都要通过价格反映在图表走势中，所以我们只需研究图表的走势就基本上可以把握住市场的脉搏，而基本分析在这方面相对逊色。

（2）具有高度灵活性。技术分析方法在任何价格预测领域都是相同的，只要正确掌握其使用方法，就可以随心所欲地同时跟踪多个市场。而基本分析由于收集信息的复杂性往往顾此失彼，因而大多数使用基本分析的分析师只能专注于某一品种或某一领域。

（3）适用于任何时间尺度。技术分析可以灵活运用于不同的时间尺度之下，无论是中长期走势分析还是当天内的价格变化，而基本分析在研究价格长期走势中使用较多。

（4）给出明确的买卖信号。技术分析的最大优点就是在交易过程中能够通过技术分析找到出入市点，而基本分析很难做到完美，在实际的交易过程中通常让位于技术分析。

技术分析主要研究市场行为，基本分析则集中考察导致价格涨、落和持平的供求关系。虽然两派对判断价格的方法、理念和依据有着很大的区别，但其本质都是为了预测价格的变化方向，使价格能够反映市场未来的供求关系。两派之间的争论主要集中在方法论方面，基本分析派研究的是市场未来的运动的前因；而技术分析派则研究价格已经反映出来的过去的结果，以此为依据推断未来的走势。

技术分析的缺点主要有：

（1）发出的买卖信号通常都具有时滞性，对未来价格走势的判断只能走一步看一步。

（2）每个分析指标或方法都有局限性，"陷阱"随时都有可能出现，并且技术分析的有效性并不稳定。虽然具体技术分析方法的表述和使用都比较清晰、明确，而且理解也不难，但依此交易未必能取得很好的效果。单纯依据传统使用方法，错误概率依然很高，因为在同一位置市场投资者经常达成共识，这种共识一旦被利用将会造成指标"钝化"或者失灵，会导致绝大多数投资者亏损。

（3）技术分析发出的信号尽管是客观的，但不同的技术分析者也会对同一信号、指标做出不同的解释和预测，并且各种不同的技术指标经常发出相互矛盾的信号。

一般来说，选择技术分析相对于基本面分析有更多的便利，也更容易掌握和运用。但是，技术分析存在优势，也有自身的不足，需要扬长避短、灵活运用。

3. 简单波动指标模型

本章模型所采用的技术指标为简单波动指标。简单波动指标（Ease of Movement Value，EMV）由"Cycle in The Stock Market"作者 Richard W.Arms Jr.根据等量图（Equivolume Charting）原理制作而成。如果较少的成交量便能推动股价上涨，则 EMV 数值会升高。相反地，股价下跌时也仅伴随较少的成交量，则

EMV 数值将降低。另外，倘若价格不涨不跌，或者价格的上涨和下跌，都伴随着较大的成交量时，则 EMV 的数值会趋近于零。具体公式如下：

$$\text{Trading Volume} = \frac{\text{成交量（手）的 M 日简单移动平均}}{\text{成交量（手）}}$$

$$\text{MID} = 100 \times \frac{\text{最高价} + \text{最低价} - \text{昨日最高价} - \text{昨日最低价}}{\text{最高价} + \text{最低价}}$$

$$\text{EMV} = \frac{\text{MID} \times \text{Trading Volume} \times (\text{最高价} - \text{最低价})}{(\text{最高价} - \text{最低价}) \text{的 M 日简单移动平均}} \text{的 M 日简单移动平均}$$

这个公式原理运用得相当巧妙，股价在下跌的过程当中，由于买单不断地萎靡退缩，致使成交量逐渐地减少，EMV 数值也因而尾随下降，直到股价下跌至某一个合理支撑区，捡便宜的买单促使成交量再度活跃，EMV 数值于是做相对反应向上攀升，当 EMV 数值由负值向上趋近于零时，表示部分信心坚定的资金，成功地扭转了股价的跌势，行情不但反转上扬，并且形成另一次的买进讯号。行情的买进讯号发生在 EMV 数值由负值转为正值的一刹那，然而股价随后的上涨，成交量并不会很大，一般仅呈缓慢的递增，这种适量稳定的成交量，促使 EMV 数值向上攀升。由于头部通常是成交量最集中的区域，因此，市场人气聚集越来越多，直到出现大交易量时，EMV 数值会提前反应而下降，并且逐渐趋近于零，一旦 EMV 由正值变成负值时，行情已可确定正式反转，形成新的卖出讯号。 EMV 运用这种成交量和人气的荣枯，构成一个完整的系统循环，本指标引导股民借此掌握股价流畅的节奏感，遵守 EMV 的买进卖出讯号，避免在人气汇集且成交热络的时机买进股票，并且在成交量已逐渐展现无力感，而狂热的群众尚未察觉能量即将用尽时，卖出股票并退出市场。

用户将在指标图中发现，EMV 指标曲线大部分集中在 0 轴下方，这个特征是 EMV 指标的主要特色，因此，图上可以看出 EMV 位于 0 轴之上的机会并不多，就好像雨后春笋一般地冒出。由于股价下跌一般成交量较少，EMV 位于 0 轴下方，当成交量放大时，EMV 又趋近于零，就可以说明 EMV 的理论精髓中，无法接受股价在涨升的过程不断地出现高成交量而消耗力气，反而认同徐缓成交的上涨，能够保存一定的元气，促使涨势能走得更远更长。从另外一个角度说，EMV 指标已经为投资人过滤了行情，凡是过度急躁冒进的行情都不被 EMV 看好，EMV 重视移动长久且能产生足够利润的行情。

（二）股指期货趋势交易计算方法

本模型利用简易波动指标 EMV 进行实证：交易间隔为 15 分钟，即每隔 15 分钟进行一次交易判断，形成"持有"或"平仓并反向开仓"的交易决策，并采用成交价的 1‰进行止损操作。

本模型的实证对象为 IF 主力连续，以 2012 年 3 月 1 日至 2013 年 3 月 1 日为回验周期，利用过去 30 分钟内 1 分钟频率交易标的的最高价、最低价和交易量作为决策依据，每隔 15 分钟交易一次（策略流程如图 9-1 所示）。

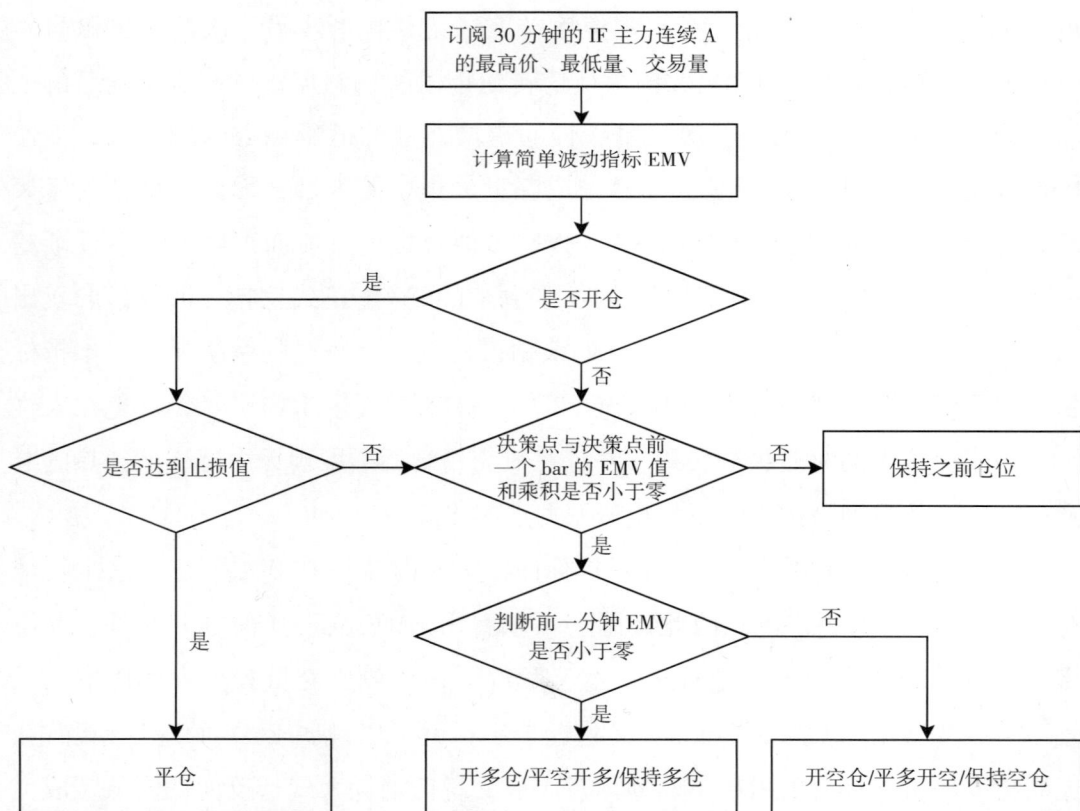

图 9-1 股指期货趋势交易策略模型流程

首先，订阅 30 分钟交易标的的最高价、最低价和交易量计算简单波动指标 EMV（EMV 指标参数为 14）；

其次，判断交易标的状态是否为开仓，若已开仓则先判断是否达到平仓阈值，若未达到平仓阈值，则判断 EMV 信号，若未开仓，则直接判断 EMV 信号；

最后，对 EMV 信号进行判断。若 EMV 由下往上穿越 0 轴做多，若 EMV 由上往下穿越 0 轴做空。

二、商品期货跨期套利交易策略模型

所谓跨期套利，是指在同一市场（即同一交易所）买入（或卖出）某一交割月份期货合约的同时，卖出（或买入）另一交割月份的同种商品期货合约，以期在两个不同月份的期货合约价差出现有利变化时对冲平仓获利。

（一）交易模型与策略原理

理论上，不同月份合约间的正常价差应该小于或者等于持有成本，否则就会出现套利机会。因为对于不同月份合约间的套利来说，随着交割日的临近，基差逐渐趋向于零；且同一商品不同月份合约之间的最大月间价差由持有成本来决定：

理论期货价格 = 现货价格 + 运输费用 + 持有成本

运期合约期货价格 ≤ 近期合约期货价格 + 持有成本

持有成本 = 交易费用 + 增值税 + 仓储费 + 存货资金占用成本 + 其他费用

具体来说，商品期货跨期套利策略包括以下三种：

1. 事件冲击型套利

事件冲击型套利主要是由于某一事件的发生对近月和远月的价格波动影响不同，从而出现月间价差变化，依据事件的发生建立买近卖远或买远卖近的跨期套利交易就是事件冲击型套利。事件冲击型套利可以细分为以下几种：

（1）挤仓。发生挤仓的合约一般情况下为近期合约，包括多头挤仓和空头挤仓两种情况。一般情况下，多头挤仓产生资金性溢价，空头挤仓产生仓单压力贴水。当某个月份的空头或者多头受较大的资金推动或者仓单压力的影响时，会导致这个月份的期货合约相对其他月份的期货合约的价格产生资金性溢价或者仓单压力的贴水，这是一种跨期套利机会。

对于投资者来说，当辨识出潜在的挤仓行为时，可以买进或者卖出挤仓合约并在其他合约上进行对冲。如果是多头挤仓，可以进行"买近期、卖远期"的正向套利；如果是空头挤仓，可以进行"卖近期、买远期"的反向套利。

（2）库存变化。库存的变化对近、远期合约的价差影响比较明显。一般情况下，库存紧张能够导致近期合约相对于远期合约的价格快速走强，而库存压力更多的是导致价差的逐步变化。关注库存因素对于市场的影响需要重点了解的是一个品种的正常库存波动区间，只有当库存超过了正常的库存波动区间时才能够影响合约的价差变化。

（3）进出口问题。进出口问题影响的是市场中短期的供求关系，与市场本身的库存变化也有密切的关系。对于国内商品期货系列来说，包括豆类油脂进出口问题、金属进出口问题。

以大豆进口为例，目前大豆进口量已经占国内大豆消费总量的60%以上，大豆进口量的变化对于国内大豆价格变化影响巨大。当出现大豆进口受阻甚至中断的时候，将使国内后期的大豆供求关系发生明显的变化，从而导致对应月份期货合约价格的大幅变化。尤其是当库存处于相对的低位区间时，没有可以用来缓冲的库存，大豆进口问题对于对应合约月份的价格影响将更为明显。

总体来说，库存和进出口问题反映的都是中短期供求关系的差异变化，会导致月间价差出现一定程度的变化，导致套利机会的出现。

2. 市场结构型跨期套利

市场结构型跨期套利一部分反映供求关系的影响，但更多的是反映市场中参与者，尤其是投机者的偏好对价差的影响。当市场处于一个明显的投机性看涨氛围时，由于投机者一般都喜欢参与远期合约，因此容易在远期合约上面形成投机性溢价。

比较明显的一种情况是，当国际市场大幅度上涨的时候，国内市场受其影响会形成比较浓厚的看涨氛围，但国内市场的基本面很多情况下有其独特性，这样就容易导致国内近期合约和远期合约的差异。近期合约受国内现实供求关系的影响表现疲弱，而远期合约却受整体看涨氛围的影响，投机性多头大量参与，从而有利于反向跨期套利，即利用价差大于其持有成本时，出现"买近期、抛远期"的套利机会。由于远期合约与近期合约的价差不可能偏离持有成本太远，所以正向可交割跨期套利交易的风险相对较小。进行交割的正向跨期套利也是一种期现套利，到期后把注册仓单进行交割，从而获取价差收益。

3. 正向可交割跨期套利

进行正向可交割跨期套利的核心在于持有成本的计算。当某一期货品种月间价差大于持有成本时，就可以考虑进行正向可交割跨期套利交易。

在进行正向可交割跨期套利时，也可能面临以下风险：

（1）财务风险。在交割套利中，仓单要持有到交割日，随着交割日的临近，保证金比率将大幅提高，交易保证金将占用大量资金。

（2）交割规则风险。注销仓单不能交割到下一月份。例如，螺纹钢期货仓单的有效期为 3 个月，过了有效期，仓单就要注销；PVC 仓单注销时间为每年的 3 月份。

（3）增值税风险。期货交割由交割卖方向买方开具增值税专用发票。增值税专用发票由双方会员转交、领取并协助核实。由于交割价格是不能提前确定的，所以在开始建立头寸之前增值税是无法准确计量的，交割价格的变动带来了增值税变动的风险。

（二）商品期货跨期套利计算方法

本章模型所实证的跨期套利为简单的价差套利。实证对象为 Al1303 和 Al1304，以 2012 年 4 月 17 日至 2013 年 3 月 8 日为回验周期，利用过去 100 分钟内 1 分钟频率交易标的的收盘价作为决策依据，每分钟交易一次。

首先，订阅 100 分钟交易标的的收盘价数据，计算价差序列 Spreads。

其次，对价差序列进行由大到小排序，设置 100 分钟内排序序列的第 20 个为做空开仓阈值，第 80 个为做多开仓阈值，对未开仓的交易标的进行判断，如满足开仓条件，则开仓。

最后，当空仓且价差序列小于零时，对空仓进行平仓；当多仓且价差序列大于零时，对多仓进行平仓。

股指期货跨期套利策略流程如图 9-2 所示。

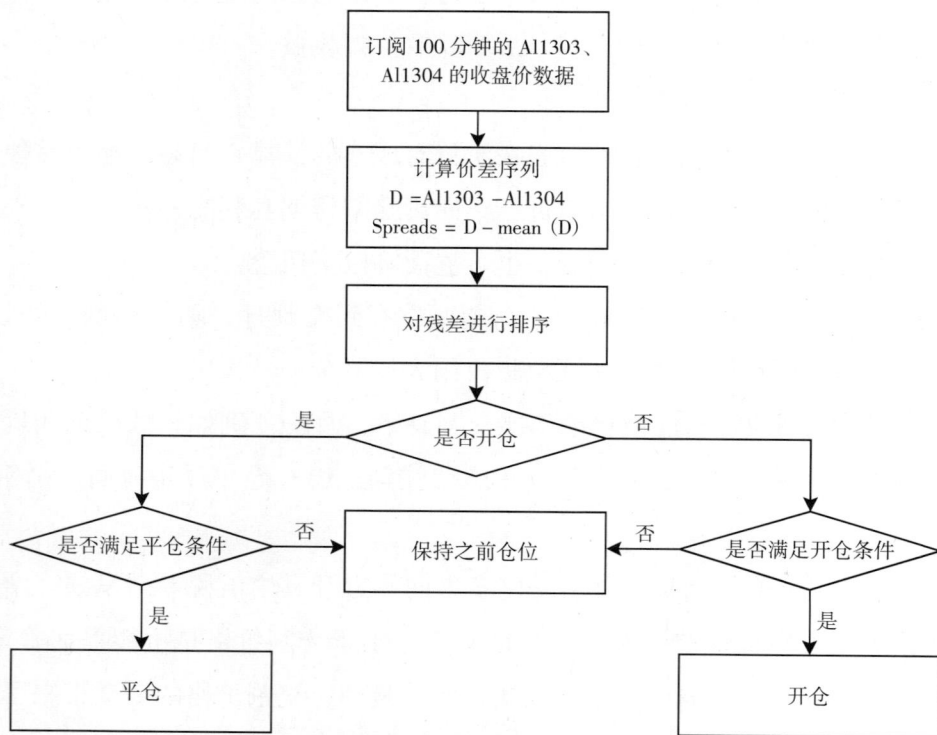

图 9-2　股指期货跨期套利策略流程

本章小结

在价、量的历史资料基础上进行统计分析、图表绘制是技术分析的主要手段。技术分析可以帮助制订交易计划，但交易计划的严格执行更为重要；技术分析要综合研判，弄清楚当前的市场状态，选用合适的技术分析指标；技术分析的中心思想是机会提示和风险管理，保护资金安全是第一任务；复杂的技术分析工具并不一定是优越的，简明适用就好。

运用合理的技术分析手段进行期货跨期跨品种套利的时候，不仅能保证资金安全，同时也能获得较好的收益。

第三篇

统计运筹学模型

　　统计学的历史是非常悠久的，最早可以追溯到古希腊的亚里士多德时代，至今已有 2000 多年的历史。我们最初接触到的统计学应该是与概率相关的，那么概率论也是统计方法的理论基础，为后来的随机过程等多个学科奠定了坚实的基础。统计学的方法在现实应用当中是非常多的，比如在打雷闪电的时候，我们会首先思考接下来可能会下雨，而下雨的概率也比较高，那么就必须要带伞。然而，这毕竟不是一件必然事件，往往不能做出 100% 的断定，因此需要慎重。这也是我们常说的"凡事都具有两面性"。

　　顾名思义：最优化是指统筹规划，运用最优的方法合理地规划时间和资金。以最小的成本获取最大的利益，而什么样的方法才能被称作最优的呢？这只是相对的，在今天这样一个经济发展速度飞快的时代，当普通群众手中拥有更多的闲钱时，就会想着去理财，投资。下面介绍关于组合投资的一些基本方法。

第十章

VaR 度量与事后检验

本章介绍风险值（VaR）度量与事后检验的一般原理，并给出股票投资组合 VaR 度量与有效性检验的具体算法。

一、VaR 的基础知识

（一）VaR 方法概述

传统上以资产报酬的方差来衡量风险，只考虑未来潜在的收益与损失的不确定性，无法确切表达潜在的损失金额，这显然不能满足实务中对于资产损失风险衡量的要求。于是就产生了风险值（VaR）的概念，风险值概念指在一段时期内，一定置信水平下，当市场发生最坏状况时，投资组合的最大可能损失金额。

在正常市场条件下，对于给定的置信水平，其对应的临界值即为该项金融资产或投资组合在统计上的最大可能损失金额，称为风险值（VaR），虽然实际损失的金额仍有可能超越 VaR，但是根据抽样分布理论，损失金额超过 VaR 的概率不会超过 α%，α%也就代表了最坏情况发生的概率。于是，设定最坏情况发生的概率越小，即 α%越小，VaR 就越大，因此，VaR 值是一个与其置信水平有关的相对概念，它的意义是相对直接、明显的。估计 VaR 的首要问题就是找出收益的概率分布，统计上可以从两个不同的角度求估计 VaR 值，已知分布族时用参数估计方法来确定 VaR，未知时则用非参数方法直接引入分位数，利用分位数的值作为 VaR。

风险值的评估期间通常为一天，而置信水平为 95%，也就是说机构用此标准来测算风险值后，可以用 95%的把握，投资组合未来一天的平均最大损失金额不会超过该风险值。评估期间的长度与风险值的大小有密切关系，评估期间越长，风险值越大。

（二）VaR 方法的特点

相对于传统上用波动性指标（如方差和标准差）衡量风险的标准，风险值有三项特点：第一，风险值以资产的收益金额为风险衡量指标，较以往风险估计值更清楚明白地表达投资人所面临的风险；第二，风险值标准引入了置信水平的概念，而传统标准只是一个点估计值；第三，对于包含多种类型资产的投资组合，可以直接测算出投资组合的风险值。

二、VaR 度量方法

（一）协方差矩阵法

协方差矩阵法度量风险值的前提条件是假设风险因子的变化服从多元正态分

布，而真正要估计的是波动率和相关系数，也就是要估计协方差矩阵。所以，人们将其称为协方差矩阵估算法。

不同情形下有两类方法：直接估算法和逼近法。

1. 直接估算法

在投资组合为风险因子的线性函数，且风险因子的变化服从多元正态分布的条件下，可以直接估算出投资组合的风险值。单一资产情形时，只需估计资产收益率的方差，投资组合情形下，就要估计和分解资产收益率之间的协方差矩阵。

2. 逼近法

在投资组合与其包含的风险资产因子为非线性关系时，就可以利用 Taylor 展开式来近似这种非线性函数关系，并利用 Taylor 展开式来估算风险值。

用协方差矩阵法度量风险值时，关键是要估计方差或估计和分解资产收益率之间的协方差矩阵。也就是说估算风险值首先是要估算资产收益的波动性。

（二）历史模拟法

历史模拟法的基本假设是资产收益的过去变化状况会在未来完全重现。

历史模拟法利用过去一段时间资产收益资料，估算投资组合变化的统计分布，再根据不同的分位数求得相对应的置信水平的风险值。和协方差矩阵估算法不同，历史模拟法对收益的分布不做任何假设，只用到历史经验分布。

假设投资组合包含 m 项资产，选取过去 N+1 天的历史收益资料，得到：

$$V_t^p = \sum_{i=1}^{m} \omega_i V_{it}, \quad t = -1, \ -2, \ \cdots, \ -N \tag{10-1}$$

其中，V_{it} 为第 i 项资产在时间 t 的收益；ω_i 为第 i 项资产在 t = 0 时的投资权重。

将历史收益值由小到大排序，并给出经验分布函数，由此就可以估算不同置信水平下的 VaR 值。

为了提高历史模拟法的估算精度，还可以用一些修正方法，如指数加权移动平均法、自助法和核估计法。

（三）蒙特卡洛模拟法

蒙特卡洛模拟法是在一定统计分布假设下模拟风险因子变化的情景。首先假设资产收益为某一随机过程，并根据所设定的价格变动过程，大量模拟未来各种可能发生的情景，然后将每一情景下投资组合变化值排序，给出投资组合变化的分布，据此就可以估算出不同置信水平下的 VaR 值。

一般情况下，蒙特卡洛模拟至少要经过以下三步：

（1）建立描述风险因子动态演变的模型。

（2）随机模拟误差项。

（3）代入随机产生的误差项求解模型包含风险因子的值。

三、VaR 的事后检验

事后检验的目的就是看实际观测的结果与所定义的风险度量的置信水平是否一致，如模型中定义了 99% 置信度下的风险值，那么，就要考察这个风险值是否真的覆盖了真实损失的 99%。

事后检验一般采用一种移动窗口的方法进行计算，以 1 天的事后检验为例，先采用某种方法计算出给定头寸该交易日的 VaR 值，接着计算出该头寸在本交易日的实际损失额，进而判断计算出来的 VaR 值是否覆盖了损失额，然后，将 VaR 的计算窗口、待考察的交易日不断后移，计算并记录各交易日的超出情况。

本章小结

　　传统上以资产报酬的方差来衡量风险，只考虑未来潜在的收益与损失的不确定性，无法确切表达潜在的损失金额，这显然不能满足实务中对于资产损失风险衡量的要求。于是就产生了风险值（VaR）的概念，风险值概念指在一段时期内，一定置信水平下，当市场发生最坏状况时，投资组合的最大可能损失金额。

KMV 信用风险模型

一、KMV 模型概述

(一) 历史起源

现代信用风险度量模型主要包括 KMV 模型，它是美国旧金山市的 KMV 公司于 20 世纪 90 年代建立的用来估计借款企业的违约概率的方法之一。

(二) 模型理论

KMV 模型认为，贷款中出现的信用风险是在固定负债的情况下由债务人的资产市场价值决定的。然而资产并没有在市场上进行过交易，因此资产的市场价值也不能被直接观测到。该模型将银行的贷款问题倒转了一个角度，即从借款企业法人的角度去考虑贷款的归还问题。

（三）原则要求

在债务到期日的时候，如果资产的市场价值高于公司的债务值，也就是违约点，那么公司的股权价值就等于公司资产市场价值减去债务值；如果此时公司的资产价值低于违约点，则公司将会变卖所有资产来偿还债务，此时股权价值降为零。

二、KMV 建模

前提假设 1：创新思想，从借款企业股权持有者的角度考虑借款偿还的动力问题，并利用公开的股市信息为债务信用风险度量服务。

前提假设 2：建立违约模型（DM），考察违约概率，不考虑信用等级变化。

首先，估计公司市场价值及其波动性。

E 是股权价值（股票市场价格），A 是公司资产市场现值，σ_A 是公司资产价值波动性（标准差），D 是负债价值，r 是无风险利率，τ 是时间范围（期权有效期），N 是正态分布变量的累积概率分布函数。

$$E = AN(d_1) - De^{-r\tau}N(d_2) \tag{11-1}$$

其中，$d_1 = \dfrac{\ln\left(\dfrac{A}{D}\right) + \left(r + \dfrac{1}{2}\sigma_A^2\right)\tau}{\sigma_A\sqrt{\tau}}$；$d_2 = d_1 - \sigma_A\sqrt{\tau}$；$\sigma_E = \dfrac{N(d_1)A\sigma_A}{E}$。

将两个等式联立，可求出两个未知数资产价值 A 及其波动性 σ_A。

其次，计算违约距离。

$$违约距离\ DD\ (\text{Distance-to Default}) = \frac{A-DP}{A\times\sigma_A} \tag{11-2}$$

其中，$DP = SD + 0.5\times LD$ 为违约点，SD 表示企业 1 年内的短期债务的价值，LD 表示未偿清长期债务账面价值。

最后，估算违约概率。

假设公司的违约距离为 $2\sigma_A$，经验 EDF 的计算公式为：

$$\text{经验 EDF} = \frac{\text{违约距离为 } 2\sigma_A \text{ 的一年内违约的企业数目}}{\text{违约距离为 } 2\sigma_A \text{ 的企业总数}} \qquad (11-3)$$

三、KMV 模型的运用意义

（一）重要革命

KMV 模型又称预期违约率模型，其优势在于依托于现代期权理论，也是对传统信用的风险度量方法的一次重要革命。因为，首先，KMV 可以充分利用资本市场上的信息，更能反映上市公司的当前信用状况；其次，KMV 模型中所使用的数据来自于当前股票市场上最真实的交易数据，而非历史数据，因此，它更能够反映企业当前的信用状况。

（二）缺陷

尽管 KMV 理论已经很成熟，但与其他已有的模型一样，KMV 模型也存在着许多缺陷。首先，该模型的使用范围会受到限制。该模型的数据来源主要是上市公司的，那些非上市公司风险评估时，估计概率上不可避免会有失准确性。其次，该模型中假设公司的资产价值都被理想化了，服从正态分布，但是在实际中，企业资产价值的统计特征并不能准确判断服从哪种分布。

由于历史违约数据会出现滞后效应，所以会直接运用违约距离来和上市公司的相对的违约风险大小进行比较。

本章小结

  风险一般可以分为系统性风险和非系统性风险，系统性风险往往由那些政策性的因素而导致，这一块儿是没有办法去控制的，但是非系统性风险却是主要由人为因素导致，是可以控制的，只有将风险分散，才能避免持有单一的投资品种而被套牢。那么怎样去用数量来衡量风险呢？当然是有很多指标的，那么读者可以去查阅各种资料来进行深入研究、量化。

第十二章 最优投资组合选择

一、投资组合基础知识

（一）投资组合概述

经济学三大原理之一是"不要把鸡蛋放在同一个篮子里"，不难想象，像鸡蛋这种高风险的易碎物品，放在一个篮子里摔碎的概率要大很多。

投资组合也正是遵循着这个原理：若干种证券组成的投资组合，其收益是这些证券收益的加权平均数，但是其风险不是这些证券风险的加权平均风险，投资组合能降低非系统性风险。

投资组合的目的在于分散风险。

（二）投资组合理论的发展

现代投资组合理论主要是由投资组合理论、资本资产定价模型、APT 模型、有效市场理论以及行为金融理论等部分组成的。这些理论的发展极大程度地改变了过去主要依赖于基本分析的传统投资管理实践，使得现代投资管理日益朝着系统化、组合化、科学化的方向发展。

1952 年 3 月，美国经济学家哈里·马科维茨发表了《证券组合选择》的论文，是现代证券组合管理理论的开端。马科维茨对风险和收益率进行了量化，建立了均值—方差模型，提出了"确定最佳资产组合"的模型。由于这一方法要求计算所有资产的协方差矩阵，当数据量太大时，不可避免地会制约它在实践中的应用。

1963 年，威廉·夏普对马科维茨模型进行优化，对协方差矩阵进行简化估计，极大地推动了投资组合理论在实际中的应用。

林特尔、夏普和莫辛分别于 1964 年、1965 年和 1966 年提出了资本资产定价模型（CAPM）。CAPM 模型不仅提供了评价收益—风险相互转换特征的可运作框架，也为投资组合分析、基金绩效的评价提供了非常重要的理论基础。

1976 年，针对 CAPM 模型存在的不可检验性的缺陷，罗斯提出了一种替代性的资本资产定价模型，即 APT 模型。该模型直接导致了多指数投资组合分析方法在投资实践上的广泛应用[1]。

（三）投资组合的原则

为了保障广大投资者的利益最大化，投资者都必须遵守组合投资的一些原则：

（1）即使是单一市场的基金也不能只购买一两项证券。

（2）有些基金的条款就明文规定，投资组合不得少于 20 个品种，而且买入

---

[1] http://baike.baidu.com/view/363622.htm.

每一种证券，都要按照某种方式固定分配比例。

（3）投资基金积少成多，有力量地分散投资于数十种甚至数百种有价证券中。正因为如此，才使得基金风险大大降低。

二、用线性规划选择投资组合

（一）线性规划方法概述

线性规划是运筹学中发展较快、研究比较早、应用广泛且比较成熟的一个重要分支，它是辅助人们进行科学管理的一种数学方法。研究线性约束条件下线性目标函数的极值问题的数学理论和方法，英文缩写为 LP。

作为运筹学的一个重要分支，它被广泛应用于军事作战、经济分析、经营管理和工程技术等方面。为合理地利用有限的人力、物力、财力等资源做出最优决策，提供科学的依据[①]。

（二）线性规划方法

线性规划的一般流程为：

第一步：列出约束条件及目标函数；

第二步：画出约束条件所表示的可行域；

第三步：在可行域内求目标函数的最优解及最优值。

基本的模型公式表示如下：

例如一个二元线性规划问题：

---

① http://baike.baidu.com/link?url=_Jg7HuX5jhVBpVZb7Z3Drchg3fbEhY4x50InkpNrVBwbtlyePHBYTa1A6Vy976DJfwpueHoO1QHaEveNCxZon.

一个标准的，需要极大化的线性函数：

$c_1 x_1 + c_2 x_2$

问题的约束如下：

$a_{11} x_1 + a_{12} x_2 \leqslant b_1$

$a_{21} x_1 + a_{22} x_2 \leqslant b_2$

$a_{31} x_1 + a_{32} x_2 \leqslant b_3$

并且变量都是非负的，即：

$x_1 \geqslant 0$

$x_2 \geqslant 0$

其他类型的问题，如极小化问题，不同形式的约束问题和有负变量的问题，都可以改写成其等价问题的标准型。

这类问题的解决方法其实非常简单，通过图形找到可行域的最大点即可，图12-1中阴影部分为可行域，虚线部分为目标函数，当平行移动到可行域的点 A（1，0）处时，即可获得目标值的最优解。

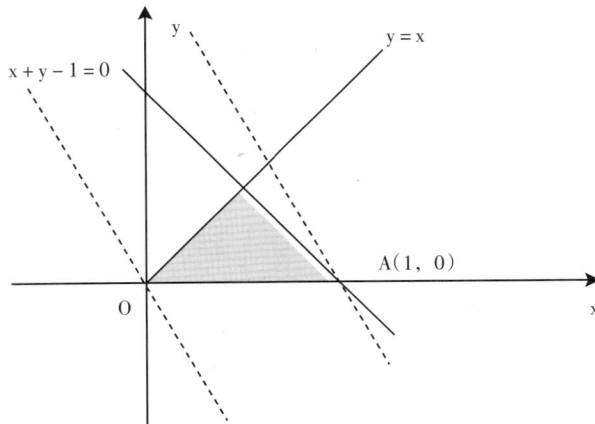

图 12-1　线性规划问题示例图

三、用非线性规划选择投资组合

(一) 非线性规划概述

非线性规划是具有非线性约束条件或目标函数的数学规划，同样也是运筹学的一个重要分支。非线性规划问题是：研究一个 n 元实函数在一组等式或不等式的约束条件下的极值问题，且目标函数和约束条件至少有一个是非线性函数。目标函数和约束条件都是线性函数的情形则属于线性规划。

(二) 非线性规划历史发展[①]

非线性规划是 20 世纪 50 年代兴起的一门新的学科。

1951 年 H.W.库恩和 A.W.塔克发表的关于最优性条件（后被称库恩—塔克条件）的论文是非线性规划正式诞生的一个重要标志。在 20 世纪 50 年代还得出了可分离规划和二次规划的 n 种解法，它们大都是以 G.B.丹齐克提出的解线性规划的单纯形法为基础的。50 年代末到 60 年代末出现了许多解非线性规划问题的有效的算法，70 年代又得到进一步的发展。非线性规划在工程、管理、经济、科研、军事等方面都有广泛的应用，为最优设计提供了有力的工具。20 世纪 80 年代以来，随着计算机技术的快速发展，非线性规划方法取得了长足进步，在信赖域法、稀疏拟牛顿法、并行计算、内点法和有限存储法等领域取得了丰硕的成果。

---

① http://baike.baidu.com/view/319487.htm.

（三）非线性规划问题描述

用数学公式来描述非线性规划问题，如下所示：

$$\max Q = \frac{\sum\limits_{i=1}^{n} b_i x_i}{\sum\limits_{i=1}^{n} a_i x_i}$$

$$\text{s.t.} \quad 0 < \sum_{i=1}^{n} a_i x_i \leqslant A$$

$$x_i(1 - x_i) = 0, \ i = 1, \cdots, n$$

$$\min f(x)$$

$$\text{s.t.} \quad h_j(x) \leqslant 0, \ j = 1, \cdots, q$$

$$g_j(x) = 0, \ i = 1, \cdots, p$$

1. 模型背景

这里的非线性规划方法，运用的是马科维茨均值方差模型。组合投资隐含的意义就在于"降低风险"，应用于经济市场上，因为市场是有风险的，如果能够分散投资，风险也许会降低很多，其实就是"投资组合"。事实也证明，投资组合确实能够产生更多的价值，减少损失。如图 12-2 所示。

组合本金：10,000.00 设置	组合总资产：12,362.50	组合盈亏：2,362.50	组合收益率：23.62%	单位　人民币　▼
持有现金：2,767.71	持仓市值：9,594.79	持仓盈亏：2,362.50	持仓收益率：32.67%	当日盈亏：0.00
组合本金：5,000.00 设置	组合总资产：5,165.90	组合盈亏：165.90	组合收益率：3.32%	单位　人民币　▼
持有现金：6.99	持仓市值：5,158.91	持仓盈亏：165.90	持仓收益率：3.32%	当日盈亏：0.00

图 12-2　组合投资带来的利润

投资组合的方法有很多种，其最终目的均是为了降低风险，这里以均值—方差模型为例。

（1）起源。均值—方差模型是由哈里·马科维茨（H.M.Markowitz）在 1952 年提出的风险度量模型，把风险定义为期望收益率的波动率，首次将数理统计的方法应用到投资组合选择的研究中。

（2）是什么。均值—方差模型（Mean-Variance Model）是指投资者将一笔给定的资金在一定时期进行投资。在期初，他购买一些证券，然后在期末卖出。那么在期初他要决定购买哪些证券以及资金在这些证券上如何分配，也就是说投资者需要在期初从所有可能的证券组合中选择一个最优的组合。

（3）投资目标。这时投资者的决策目标有两个：尽可能高的收益率和尽可能低的不确定性风险。最好的目标应是使这两个相互制约的目标达到最佳平衡。由此建立起来的投资模型即为均值—方差模型。

2. 非线性规划投资组合模型

进行投资组合研究的前提都是在有效市场的前提下进行的，因此：

前提假设 1：投资者在考虑每一次投资选择时，其依据是某一持仓时间内的证券收益的概率分布。

前提假设 2：投资者是根据证券的期望收益率估测证券组合的风险。

前提假设 3：投资者的决定仅仅是依据证券的风险和收益。

前提假设 4：在一定的风险水平上，投资者期望收益最大；相对应的是在一定的收益水平上，投资者希望风险最小。

首先，输入数据预处理，如果是收盘价对数据进行收益率的处理：

$$r = \log(p) - \log(p_{-1})\tag{12-1}$$

其次，计算协方差矩阵：

$$\Omega = \text{cov}(r_i, r_j)\tag{12-2}$$

再次，列出目标方程组：

$$\min_w w^T \Omega w$$
$$\text{s.t.} w^T\mu = \mu_p \quad \text{and} \quad w^T e = 1\tag{12-3}$$

其中，Ω 为算子，本模型表示几只股票的收益率波动率，即方差—协方差矩阵；w 为权重的列向量；μ 为每只股票的平均收益率；μ_p 为组合投资收益率；e 为全 1 的列向量，维度与 w 相同。

最后，运用 lagrange（拉格朗日乘数法），推导出来 $\Omega w = e$，于是得到权重向量：

$$w = \Omega^{-1} \times e./(e' \times \Omega^{-1} \times e)\tag{12-4}$$

四、均值—方差模型的意义

（一）重大意义

马科维茨的投资组合理论不仅揭示了组合资产风险的决定因素，而且更为重要的是还揭示了"资产的期望收益由其自身的风险的大小来决定"这一重要结论，即资产（单个资产和组合资产）由其风险大小来定价，单个资产价格由其方差或标准差来决定，组合资产价格由其协方差来决定。

（二）模型的优点

利用马科维茨的均值—方差模型，投资者在已经选定的若干证券的收益率均值已知的情况下，可以计算出证券的协方差矩阵，利用 Matlab 软件可对目标函数进行最优迭代求解，因此在数量较少的证券选择上投资组合理论是具有非常重要的实际价值的。

（三）模型的缺点

尽管马科维茨理论已经得到了很广泛的应用，但是，随着数据量的增加，股票的多样化，方法始终难以满足所有模型的需求：

（1）要求的数据量不能太大。

（2）马科维茨只是指定了最小的风险，对于最大的收益率却没有给出很好的解释。

本章小结

越来越多的研究者和研究机构看到了投资组合能够带来的巨大商机和利润，同时也为各种学科之间的交叉应用带来了新的机遇和挑战。不管是哪种研究方式，都是在以"降低风险，扩大利润"为主要目标，其实这就是一个最优化的问题。

但是每种方法都不是十全十美的，因为市场变化的规律是无法控制的，这也造成了最优解的不稳定性，这也意味着必须要有合理的监控措施，并且要定期对模型进行调整，而如何调整才是最关键的，也就是如何选择更多的方法对模型进行完善，需要结合更多领域的知识。

这也是为什么组合投资有这么大魅力的原因，后面会有一定的介绍。

第四篇

会计学模型

　　会计的主要工作就是负责财务的核算、薪资核发等。那么，会计学就是在研究财务活动和成本资料的收集、分类、综合、分析和解释的基础上形成协助决策的信息系统，以有效地管理经济的一门应用学科。会计学在每个公司的发展当中都起到了非常重要的作用，下面介绍会计学中的会计成本、成本差异等。

第十三章 会计成本的计算模型

一、会计成本分析

（一）会计成本的定义

会计成本是会计记录在公司账册上的客观的、有形的支出，包括生产、销售过程中发生的原料、动力、工资、租金、广告、利息等支出，按照我国的财务制度，总成本费用由生产成本、管理费用、财务费用和销售费用组成。

（二）生产成本的定义

生产成本是生产单位为生产产品或提供劳务而发生的各项生产费用，包括各项直接的支出和制造的费用。直接支出主要包括直接材料（原材料、辅助材料、备品备件、燃料及动力等)、直接的工资 (生产人员的工资、补贴)、其他直接支出 (如福利费);制造费用是指企业内的分厂、车间为组织和管理生产所发生的各项费用,包括分厂、车间管理人员工资,折旧费,修理费及其他制造费用 (办公费、差旅费、劳保费等)。

(三) 会计成本的分类

按成本会计制度,可分为实际成本制度、标准成本制度和估计成本制度。

(1) 实际成本制度。实际成本制度是根据实际发生的各项支出计算成本的一种成本会计制度。

(2) 标准成本制度。标准成本制度是以预先制定的产品标准成本为基础,用实际产量的标准成本同实际成本相比较并记录和分析成本差异的一种成本制度。

(3) 估计成本制度。估计成本制度是在产品生产前预先估算单位产品成本,凭以确定售价,然后通过复式记账将算出实际产量的估计成本与账上实际成本比较,据以修改估计成本的一种历史上曾采用过的不完整的成本会计制度。

二、投资成本分析

(一) 投资成本的定义

1. 起源

固定资产投资是建造和购置固定资产的经济活动,即固定资产再生产活动。固定资产再生产过程包括固定资产更新 (局部和全部更新)、改建、扩建、新建等活动。在进行固定资产投资时,经常需要在各个固定资产之间进行比较,由此引出了投资成本的概念。

2. 投资成本的概念

初始投资成本是指取得投资时实际支付的全部价款，包括税金、手续费等相关费用。但实际支付的价款中包含的已宣告但尚未领取的现金股利，或已到付息期但尚未领取的债券利息，应作为应收项目单独核算。

固定资产的投资成本包括下列三项：

（1）购买固定资产时所付货币可能的利息损失。若这笔货币不用来购买固定资产，会产生利息收入。

（2）折旧费。

（3）维持费。

（二）投资成本的计算

前提假设：此模型假设货币的机会成本为利率 i，固定资产以复利方式折旧。

首先，计算 H。

以 H 表示固定资产每周期耗费的成本，即资产的周期性费用；以 M 表示每周期的维持费，以 A 表示固定资产初值，S 表示固定资产残值，则：

$$H = Ai + \frac{A - S}{s_{n|i}} + M \tag{13-1}$$

其中，$s_{n|i}$ 表示期数为 n、利率为 i 时，每期末付年金的终值之和，Ai 为固定资产买价的利息损失，$\frac{A - S}{s_{n|i}}$ 为周期性折旧。

其次，计算永续年金现值。

一项资产的投资成本是永久的周期性费用的现值，即周期性费用构成的永续年金的现值。

$$K = \frac{H}{i} = A + \frac{A - S}{i s_{n|i}} + \frac{M}{i} \tag{13-2}$$

其中，K 为永续年金现值；H 为固定资产每周期耗费的成本；i 为利率。

（三）投资成本的意义

成本预算方法

投资成本分析是资本预算的一种方法，投资成本模型为投资者在不同投资中进行比较时提供了参考依据。

长期股权投资初始投资成本就以下几种情况分别确认：

（1）以现金购入的长期股权投资，应按实际支付的购买价款以及支付的税金、手续费等直接相关费用作为初始投资成本，不包括为取得投资所发生的评估、审计、咨询等费用，也不包括支付的价款中包含的已经宣告，但尚未领取的现金股利或利润，这一部分只能作为应收项目处理。

（2）以发行权益性证券取得的长期股权投资，应按发行权益性证券的公允价值作为初始投资成本。

（3）投资者投入的长期股权投资，是指投资者将其持有的对第三方的投资作为出资投入企业形成的长期股权投资。应按投资合同或协议约定的价值作为初始投资成本，但合同或协议约定价值不公允的除外。

三、作业成本计算及产品盈利分析

（一）作业成本定义

20 世纪 70 年代，美国哈佛大学青年学者 Robert S. Kaptan 和 Robin Cooper 发表了大量与作业成本法相关的论文和专著，并率先把这种成本计算方法于 1988 年简称为 ABC（Activity-based Costing）。

1. 作业成本法的定义

不同的成本计算方法往往导致不同的成本计算结果，从而影响产品盈利能力的评价结果，传统的成本计算方法歪曲了产品盈利能力信息；作业成本计算通过区分间接费用的成本动因，将间接费用依据成本动因追溯于产品成本，避免了成本信息的扭曲，使产品盈利能力评价结果更加可靠。

2. 重大意义

作业成本法的产生，标志着成本管理告别了传统的成本管理模式，向现代成本管理模式迈出了关键性的一步。作业成本法创立之后，得到了实务界的大力推广，不仅用于成本核算，还应用于企业管理中的其他领域。许多企业应用作业成本法进行库存估价、产品定价、制造或采购决策、预算、产品设计、业绩评价及客户盈利性分析等方面。

（二）计算方法

前提假设 1：作业成本法在计算产品成本时，将着眼点从传统的"产品"上转移到"作业"上。

前提假设 2：以作业为核算对象，首先根据作业对资源的消耗情况将资源的成本分配到作业，再由作业依成本动因追踪到产品成本的形成和积累过程，由此而得出最终产品成本。

总成本 = 直接材料 + 直接人工 + 制造费用。

（三）模型意义

1. 对模型的评价

用作业成本法计算产品成本时，长期变动成本是按实际使用的生产能力计入成本对象的，在产品成本中剔除了不应由产品负担的生产能力闲置成本，有助于正确地进行盈利能力评价。

2. 模型的作用

产品盈利能力分析可以帮助管理者寻找盈利能力最强的产品以集中力量发展这些产品。产品盈利能力分析的结果往往决定了企业的产品组合或品种结构。

3. 计算影响

产品的盈利能力可以用产品的销售利润率指标加以衡量，但不同的成本计算方法往往导致不同的成本计算结果，从而影响产品盈利能力的评价。传统的制造成本计算法因其对间接制造费用的分配有较大的主观随意性，导致产品成本信息失真，不能客观地揭示产品的盈利能力。

通过作业成本计算模型的构建并引入"虚拟产品"的概念，可以方便地计算出"未使用的生产能力成本"，为评估生产能力闲置而造成的浪费提供了可行的方法。

四、标准成本差异分析

（一）标准成本差异的定义

标准成本差异是指现在或未来的业绩量，在避免浪费及无效率的前提下，所应有的成本。

1. 标准成本用途

（1）帮助预算的建立。

（2）简化账务处理。

（3）激励员工以控制成本及评估绩效。

（4）计算与分配产品成本。

（5）有利于产品的定价。

2. 标准成本差异

标准成本差异是指产品的实际成本与产品的标准成本之间的差额。如图 13–1 所示：

$$
\begin{array}{ccc}
 & \text{计划成本} & \text{差异} \\
\text{期初} & 10000 & 200 \\
\text{购入} & 90000 & -600 \\
\end{array}
$$

$$
\text{差异率} = \frac{200 - 600}{10000 + 90000} = \frac{-400}{100000} = -0.4\%
$$

$$
\begin{array}{ccc}
\text{发出} & 30000 & 30000 \times (-0.4\%) = -120 \\
\text{结存} & 70000 & -280 \\
\end{array}
$$

图 13–1　成本差异

（二）标准成本差异的计算

前提假设：生产过程中没有浪费并且都是有效的。

计算公式如下：

标准成本差异 = 产品的实际成本 – 产品的标准成本

标准成本差异一般分为数量差异和价格差异两种。计算标准成本差异时，可按下式计算：

成本差异 = 价格差异 + 数量差异

成本差异 = 实际数量 × 实际价格 – 标准数量 × 标准价格

价格差异 = (实际价格 – 标准价格) × 实际数量

数量差异 = (实际数量 – 标准数量) × 标准价格

（三）标准成本差异的优点

1. 标准成本差异分析的优点

（1）便于成本核算。

（2）便于分清各成本中心的责任。

（3）便于成本控制。

（4）提高决策的准确性和有效性。

2. 标准成本制度的正式分录记录有关的差异的优点

（1）不利的差异可反映在有关账户的借方，有利的差异可反映在有关账户的贷方。

（2）及时确认差异有利于对成本的控制。

（3）相对于只是根据记录分析差异的情况（标准成本系统），较为正式和有所强调。

本章小结

成本分为多种，会计成本中也包含各种投资成本，一个企业要想有良好的发展必须要严格控制成本，防止黑账，保证资金的正常运转，那么就必须把各种成本严格区分并计算清楚。对于广大投资者而言，企业的资金流向、发展状况会直接影响投资者的判断。因此站在企业的角度，要想获得长远的发展，必须要有合理的资金管理系统。

第五篇

高级经济金融模型

　　大数据正在开启一次重大的时代转型，它将在经济社会、政治军事、医疗卫生、科学研究等领域引起重大变革。与此同时，其影响力也已经全面渗入金融业，推动移动金融、互联网金融等新的金融模式不断涌现，传统金融正向信息化金融快步迈进。这句话道出了金融业在移动互联网时代的发展方向，老牌金融企业都在循着这一方向努力。

　　金融行业的数据分析改变了人们的理财观念，因为它把不可能变为了可能，让人们再一次意识到了其中有规律可循，因此作为新兴的行业，研究者们也在不断地对传统的研究方法与模型进行变革创新和拓展。

第十四章

主成分分析模型

一、主成分分析基础知识

（一）主成分分析概述

主成分分析（Principal Component Analysis）是 1901 年提出的，再由Hotelling（1933）加以发展的一种统计方法。其主要目的是将许多变量减少，并使其改变为少数几个相互独立的线性组合形成的变量（主成分），而在经由线性组合而得的成分之方差会变为最大，使得原始 P 维资料在这些成分上显示出最大的个别差异。用一句话来说，主成分分析是将多个变量化为少数综合变量的一种多元统计方法。设有 n 组样品，每组样品有 p 个变量，记 n 组样品数据如表 14-1 所示。

表 14-1　p 个变量的 n 组样品数据

变量＼样品号	1	2	⋯	n
X_1	x_{11}	x_{21}	⋯	x_{n1}
X_2	x_{12}	x_{22}	⋯	x_{n2}
⋮	⋮	⋮	⋮	⋮
X_p	x_{1p}	x_{2p}	⋯	x_{np}

（二）主成分分析基本原理

如果 p 个变量是相互独立的，则可以将问题化为单变量逐个处理，这是比较简单的。但是对大量的实际问题中提出来的数据，各变量之间往往存在着不同程度的相关关系，这时要搞清这些数据之间的关系，就必须在高维空间中加以研究，这显然是比较麻烦的，为了克服这一困难，一个很自然的想法就是采取降维的方法，也就是利用全部 p 个变量来重新构造 q 个新的综合变量（q≤p），并使得这些较少的变量既能尽可能多地反映原来 p 个变量的统计特性，并且它们之间又是相互独立的。

假定 $x = (x_1, x_2, \cdots, x_p)'$ 是一组随机变量，并且 $Ex = \mu$，协方差阵 $D(x) = V$。考虑 $x_1, x_2, \cdots, x_p$ 的一个线性组合（或称线性变换）：

$$Z = a_1x_1 + a_2x_2 + \cdots + a_px_p = a'x \tag{14-1}$$

这里 $a'(a_1, a_2, \cdots, a_p)$。对于综合变量 Z，我们要选择这一组系数 $a'(a_1, a_2, \cdots, a_p)$ 使得 Z 的方差最大；由于 $Var(a'x) = a'Va$，对任意给定的常数 c，$Var(ca'x) = c^2a'Va$，如果对 a 不加以限制，上述问题就变得毫无意义。于是限制 $a'a = 1$，求 $Var(a'x)$ 的最大值。根据限制性条件下的拉格朗日极值理论可以证明，在此情况下的 $Var(a'x)$ 的最大值等价于求：

$$\max_{a \neq 0} \frac{a'Va}{a'a} \tag{14-2}$$

式（14-2）的值就等于矩阵 V 的最大特征根 λ_1，a 就是 λ_1 对应的特征向量。若记矩阵 Σ^* 的 p 个特征值 $\lambda_1 \geq \lambda_2 \geq \cdots \geq \lambda_m > \lambda_{m+1} = \cdots = \lambda_p = 0$，且 m 个非零特征值所对应的特征向量分别为 $a_1, a_2, \cdots, a_m$，则：

$$\max_{a'a=1} a'Va = \lambda_1 = a_1'Va_1$$

$$\max_{a'a=1} a'Va = \lambda_1 = a_1' Va_1$$

$$\max_{\substack{a'a=1 \\ a'a_i=0}} a'Va = \lambda_2 = a_2' Va_2$$

$$\max_{\substack{a'a=1 \\ a'a_i=0(i=1, 2, \cdots, m-1)}} a'Va = \lambda_m = a_m' Va_m$$

那么，把矩阵 V 的非 0 特征根 $\lambda_1 \geq \lambda_2 \geq \cdots \geq \lambda_m > 0$ 所对应的单位特征向量 a_1, a_2, $\cdots$, a_m 分别作为 $x = (x_1, x_2, \cdots, x_p)'$ 的系数向量，$a_1'x$, $a_2'x$, $\cdots$, $a_m'x$ 分别称为随机向量 x 的第 1 主成分，第 2 主成分，$\cdots$，第 m 主成分。当 $i \neq j$ 时，

$$COV(a_i'x, a_j'x) = a_i' Va_j = \lambda_j a_i' a_j = 0 \tag{14-3}$$

所以主成分之间是不相关的。而且可以看到，主成分分析主要就是由观察数据阵 X 得到协方差 V 的估计值 $\hat{V}$，从 $\hat{V}$ 出发计算它的特征值和特征向量。

P 维随机向量 x 的主成分其实就是 p 个变量 x_1, x_2, $\cdots$, x_p 的一些特殊的线性组合，在几何上这些线性组合正好把 x_1, x_2, $\cdots$, x_p 构成的原坐标系统经过旋转后产生新坐标系，这个新坐标系的轴方向上具有最大的变异，同时提供了协方差阵的最简洁的表示（非对角线上为 0）。例如，我们有一个 p = 2 维随机向量 X 的 n = 100 个点构成一个椭圆形状，如图 14-1 所示。第一主成分则是这个椭圆的长轴方向，因为原坐标系的 100 点按长轴方向旋转后数据最离散，具有最大的方差，设定旋转方向的表示为单元圆上的一个单位方向，与长轴平行的单位方向 (a_{11}, a_{21}) 具有 $a_{11}^2 + a_{21}^2 = 1$，因此，不难求出第一主成分的系数向量 (a_{11}, a_{21}) 具体值。而椭圆的短轴与长轴是垂直的，是第二个主成分的方向，因为短轴是与长轴不相关方向中的最大的方差，同样与短轴平行的单位方向 (a_{12}, a_{22}) 具有 $a_{12}^2 + a_{22}^2 = 1$，同求第一主成分的系数向量一样，我们也容易求出 (a_{12}, a_{22}) 具体值。

用开头 i 个主成分形成的 i 维子空间，从几何上看，当采用从每个数据点到子空间的垂直距离的平方和作为度量时，这个 i 维子空间对数据点给出了最好的拟合。例如，在图 14-1 中，所有数据点到第一主成分轴（椭圆的长轴）的垂直距离的平方和是最小的。要特别注意，它不同于最小二乘回归的几何表示，回归是最小化所有数据点到拟合直线的垂直偏差的平方和。

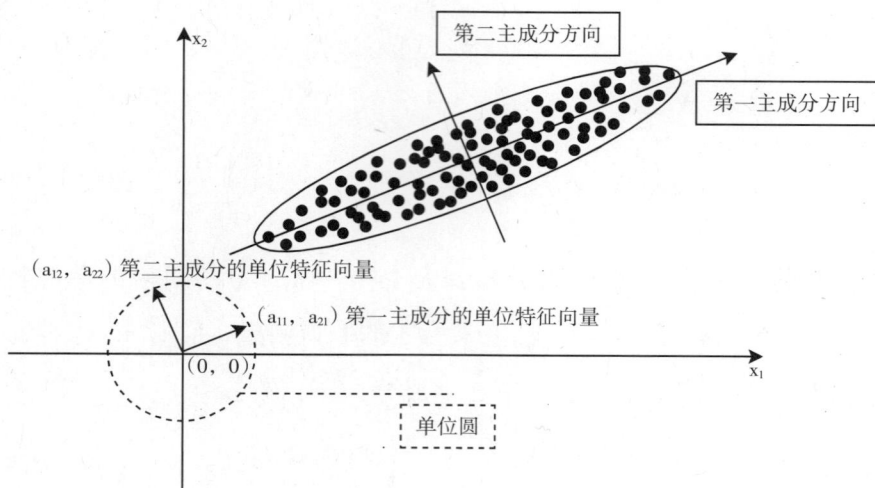

图 14-1　主成分分析示例

二、贡献率与累积贡献率

由主成分的性质可知，主成分 $a_1'x$，$a_2'x$，$\cdots$，$a_m'x$ 的方差 λ_1，λ_2，$\cdots$，λ_m 与随机变量 x_1，x_2，$\cdots$，x_p 的方差 S_{11}，S_{22}，$\cdots$，S_{pp} 之间有关系：

$$\lambda_1 + \lambda_2 + \cdots + \lambda_p = S_{11} + S_{22} + \cdots + S_{pp} \tag{14-4}$$

我们称

$$P_k = \lambda_k \bigg/ \sum_{j=1}^{p} \lambda_j \tag{14-5}$$

为第 k 个主成分的贡献率，它反映了第 k 个主成分提取全部信息的多少。又称

$$\sum_{j=1}^{k} \lambda_j \bigg/ \sum_{j=1}^{p} \lambda_j \tag{14-6}$$

为前 k 个主成分的累积贡献率，它反映了前 k 个主成分共同提取全部信息的多少。我们进一步还可以考虑第 k 个主成分与 p 个变量 x_1，x_2，$\cdots$，x_p 的相关系数，称其为因子负荷量，记为 $L(Z_k, x_i)$（对相关阵的主成分或标准化后的数据），有：

$$L(Z_k, x_i) = \sqrt{\lambda_k}\, a_{ik} \qquad i = 1, 2, \cdots, p \tag{14-7}$$

其中，a_{ik} 为第 k 个特征值所对应的特征向量的第 i 个分量。

三、样本数据的主成分分析

在实际研究分析中，设 $x = (X_1, X_2, \cdots, X_p)'$，第 i 个样品的数据为 $x_{i\cdot} = (x_{i1}, x_{i2}, \cdots, x_{ip})'$，样本资料数据用矩阵表示为 $X = (x_{1\cdot}, x_{2\cdot}, \cdots, x_{n\cdot})$，则平均值向量为 $\bar{x} = \dfrac{1}{n} X \tilde{1}'$，其中 $\tilde{1} = (1, 1, \cdots, 1)$，协方差矩阵的估计量为 $V = \dfrac{1}{n} X M^0 X'$，其中 $M^0 = \left[I - \dfrac{1}{n} \tilde{1}' \tilde{1}\right]$。我们可以求出协方差矩阵 V 的特征根和特征向量，不妨设为 $\lambda_1 \geq \lambda_2 \geq \cdots \geq \lambda_m > 0$，其所对应的特征向量分别为 $a_1, a_2, \cdots, a_m$，那么，$a_1'x$，$a_2'x, \cdots, a_m'x$ 就是向量 x 的第一主成分，第二主成分，$\cdots$，第 m 主成分。

实际上我们没有必要求出向量 x 的全部主成分。一般情况下，如果前 m 个主成分的累积贡献率大于等于 85%，则仅取 m 个主成分，就已经能够反映全部 p 个变量的绝大部分信息了。

本章小结

主成分分析除了用来分析综合变量之间的关系外，亦可用来削减回归分析或聚类分析中的变量数目。此外，为了达到最大变异的目的，我们可用主成分分析将原来的变量转变为成分，在获得所要的成分之后，可将各变量的原始数据转换为成分数据，以供进一步深入的统计分析。通常，在进行主成分分析时，应注意下面几个问题：

（1）主成分分析是通过降维技术用少数几个综合变量来代替原始多个变量的一种统计分析方法。这些综合变量集中了原始变量的大部分信息。

（2）第一主成分所包含的信息量最大，第二主成分其次，其他主成分依次递减，各主成分之间互不相关，这就保证了各主成分所含的信息互不重复。在实际研究里，研究者如果用不超过五个或六个主成分，就能解释70%~80%的变异，已可令人满意。

（3）取多少个主成分，既要考虑到前几个主成分的累积贡献率达到一定比例，也要考虑到应选取尽可能少的主成分以较好地达到降维的目的。Kaiser（1960）主张将特征值小于1的主成分予以放弃，而只保留特征值大于1的主成分。

（4）当各变量的单位不相同时，应从相关矩阵出发进行主成分分析。

计算出主成分之后，应对要使用的前若干个主成分做出符合实际背景和意义的解释。

PCA在模式识别和信号处理中一直被广泛地研究和使用，对于许多工程领域，数据压缩特征提取，信号恢复等方面的应用都很重要。在科学领域，PCA对于多个指标中的主要成分的确定，降维分解，卫星雷达信号的提取都有着很重要的价值和应用前景。例如，国内的研究者（欧春江）利用PCA方法对遥感图像进行图像增强，数据压缩，发现在遥感影像分类前进行PCA变换效果比较好；在统计经济学领域，例如对人口、教育、地区的经济发展状况的研究，在问题分析前，分析指标可能较多，不仅会增加问题的复杂度，个别指标对问题的影响程度并不会太高，于是希望通过较少的指标来得到与原来相同的信息，PCA在这方面发挥了重要的作用，并很好地简化了模型；在生物医学领域，通过对一些低分子药物的销售额数据进行处理，将主要的销售药物保留，形成了新的指标体系；此外，PCA在气象学、人脸识别、地球物理学等方面都得到了很好的应用。

经常会碰到这样的问题：一幅大小为1000×1000像素的图片，其在Matlab中的实际存储就需要10^6个像素点，在计算时运行速度非常慢，在存储时需要很大的空间。PCA技术在此时就发挥了很重要的作用，用来做图像压缩，压缩后的图像比原图要小很多，最重要的是图像并未失真。如图14-2所示。

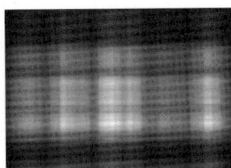
1 个特征值重构图

20 个特征值重构图

60 个特征值重构图

80 个特征值重构图

图 14-2　左边：原图；右边：选择个数不同特征值压缩图

第十五章 回归分析模型

一、回归分析基础知识

（一）回归分析的定义

回归分析是一种统计分析方法，它利用两个或两个以上变量之间的关系，由一个或几个变量来预测另一个变量。

（二）回归模型

回归模型是一种正规工具，它表示统计关系中两个基本的内容：①用系统的形式表示因变量 Y 随一个或几个自变量 X 变化的趋势；②表现观察值围绕统计关系曲线的散布情况。这两个特点是由下列假设决定的：

在与抽样过程相联系的观察值总体中，对应于每一个 X 值，存在 Y 的一个概率分布；这些概率分布的均值以一些系统的方式随 X 变化。

图 15-1 是用透视的方法来显示回归曲线。Y 对给定的 X 具有概率分布这一概念总是与统计关系中的经验分布形式上相对应；同样，描述概率分布的均值与 X 之间关系的回归曲线，与统计关系中 Y 系统地随 X 变化的一般趋势相对应。

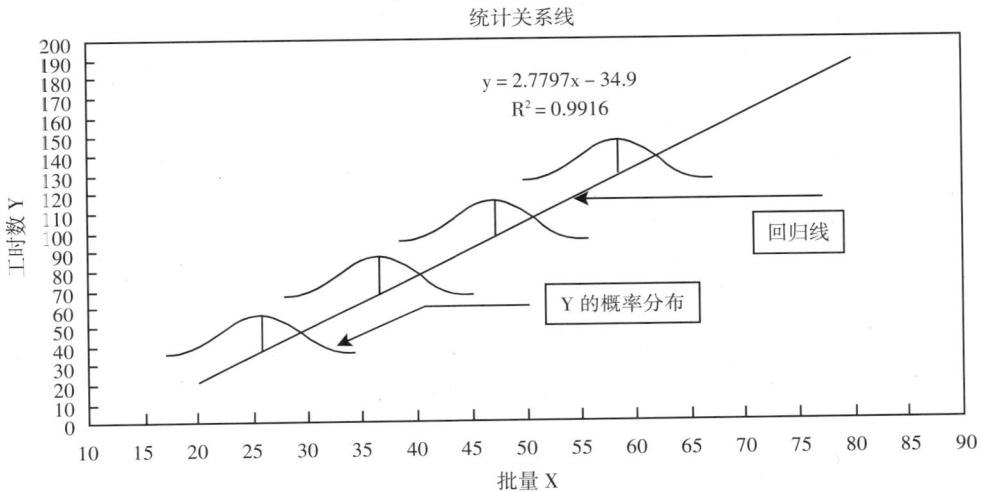

统计关系线

$y = 2.7797x - 34.9$
$R^2 = 0.9916$

回归线

Y 的概率分布

工时数 Y

批量 X

图 15-1　线性回归模型

在回归模型中，X 称为"自变量"，Y 称为"因变量"；这只是传统的称呼，并不表明在给定的情况下 Y 因果地依赖于 X，无论统计关系多么密切，回归模型不一定是因果关系，在某些应用中，如我们由温度表水银柱高度（自变量）来估计温度（因变量）时，自变量实际上依赖于因变量。此外，回归模型的自变量可以多于一个。

二、回归模型的构造

1. 自变量的选择

构造回归模型时必须考虑到易处理性，所以在有关的任何问题中，回归模型只能（或只应该）包括有限个自变量或预测变量。

2. 回归方程的函数形式

选择回归方程函数形式与选择自变量紧密相关。有时有关理论可能指出适当的函数形式。然而，通常我们预先并不能知道回归方程的函数形式，要在收集和分析数据后，才能确定函数形式。我们经常使用线性和二次回归函数来作为未知性质回归方程的最初近似值。图 15-2（a）表示复杂回归函数可以由线性回归函数近似的情况，图 15-2（b）表示复杂回归函数可以由两个线性回归函数分段近似的情况。

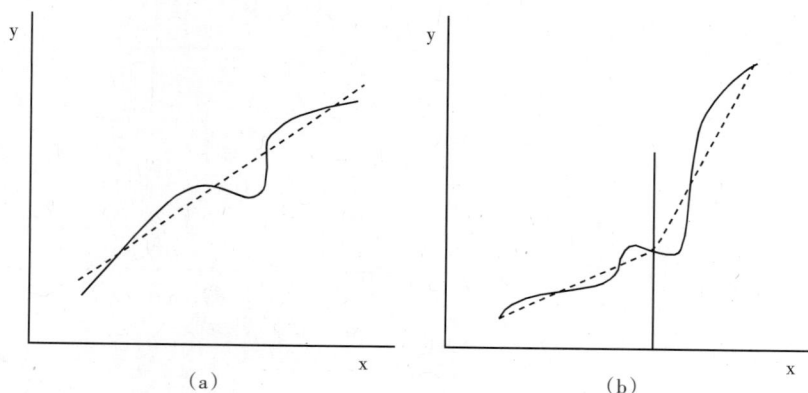

图 15-2　用线性回归函数近似复杂回归函数

3. 模型的范围

在建立回归模型时，通常需要限制模型的自变量或因变量取值的区间范围，这个范围由调查设计和已掌握数据的情况决定。

4. 回归分析的运用

回归分析主要有三个目的：描述、控制和预测。

（一）未指定误差项分布的回归模型

1. 模型的正规表述

现在我们只限于一个自变量的基本回归模型，且回归函数是线性的，可表述如下：

$$Y_t = \alpha + \beta X_t + \varepsilon_t \tag{15-1}$$

其中，Y_t 是第 t 次观测或试验中因变量的取值，α 和 β 是参数，X_t 为第 t 次观测或试验中自变量的取值，ε_t 是随机误差项，其基本假设应该满足三个条件：

均值 $E(\varepsilon_t) = 0$；

方差 $Var(\varepsilon_t) = 0$；

协方差 $Cov(\varepsilon_i, \varepsilon_j) = 0$，当 $i \neq j$。即对所有的 $i \neq j$，ε_i 与 ε_j 互不相关。

模型（15-1）称为简单模型，参数是线性的，自变量也是线性的。所谓"简单"，是因为它只有一个自变量，"参数线性"是指没有参数具有指数形式，或者被另一个参数相乘或相除，"自变量线性"是指这个自变量是一次的。参数和自变量都是线性的模型称为一阶模型。

2. 模型的重要特点

第 t 次观察中 Y 的观察值 Y_t 包括两部分：常数项 $\alpha + \beta X_t$ 和随机项 ε_t 的和。所以 Y_t 是随机变量。因为 $E(\varepsilon_t) = 0$，这样：

$$E(Y_t) = \alpha + \beta X_t + E(\varepsilon_t) = \alpha + \beta X_t \tag{15-2}$$

其中，$\alpha + \beta X_t$ 是常数。因此，当第 t 次试验中 X 取值为 X_t 时，相应的 Y_t 来自一个概率分布，其均值是：

$$E(Y_t) = \alpha + \beta X_t \tag{15-3}$$

所以模型（15-3）的回归函数是：

$$E(Y) = \alpha + \beta X \tag{15-4}$$

这样对任何给定的 X，回归函数把 X 水平与 Y 的概率分布均值联系起来。

在第 t 次试验中，Y 的观察值超过或低于回归函数值的部分为误差项部分 ε_t。假设误差项 ε_t 具有相同的方差 σ^2，相应的 Y_t 的方差为：

$$Var(Y_t) = \sigma^2 \tag{15-5}$$

这是因为：

$$Var(Y_t) = Var(\alpha + \beta X_t + \varepsilon_t) = Var(\varepsilon_t) = \sigma^2 \tag{15-6}$$

无论自变量 X 取值如何，模型（15-3）总是假设 Y 的概率分布具有相同的方差 σ^2 且假设误差项互不相关。因此任何一次试验的结果对其他各次试验的误差项都没有影响，相应的 Y_i 与 Y_j 也互不相关。

总之，模型（15-3）的含义为：对所有水平的 X 来说，因变量观察值 Y_t 都来自均值 $E(Y_t) = \alpha + \beta X_t$、方差 σ^2 的概率分布。此外，任何两个观察值 Y_i 与 Y_j 都是互不相关的。

（二）最小二乘估计法

1. 观测数据图

设有一组 T 期间内关于二变量 X 和 Y 的样本观测值 (x_t, y_t)（$t = 1, 2, \cdots, N$），在 X 和 Y 之间存在着函数关系，如果将这些观测数据，在 2 维平面上用图来表示，只要数据至少有 3 个以上，那么所有的点大概不可能都在一条直线上。以被认为在 X 和 Y 之间成立的未知回归直线

$$Y = \alpha + \beta X \tag{15-7}$$

为中心，观测点总是适当地散布在其周围。未知回归直线和各观测点的垂直方向的间隔就是本章第一节引进的概率误差项。由于 α 和 β 的数值未知，所以不能准确地知道与各观测点对应的概率误差项的值。大致来说，可以认为回归直线是从散布在平面上的各观测点的中央穿过的直线。根据所给的观测数据来估计这条直线的位置（α 和 β 的值），是我们需要解决的主要问题。

2. 误差二乘和的最小化

估计回归直线的方式（规则）有各种各样的考虑。但是，对于确定 α 和 β 的值时，要使所有的观测点和直线的"距离"从整体来说为最小这个一般的规则，大概谁也没有异议。意见的分歧在于究竟要用什么尺度来衡量各观测点和回归直线的"距离"。也就是说，即使都承认上述的一般规则，但由于按什么标准来测定"点和线的距离"的看法不同，推导出的估计方式也是多种多样的。

假定估计出的直线为：

$$Y = \alpha^* + \beta^* X \tag{15-8}$$

则同 $X = X_t$ 对应的估计直线上的点是 $\alpha^* + \beta^* x_t$。观测点 (x_t, y_t) 同估计直线垂直方向的间隔 $e_t = y_t - (\alpha^* + \beta^* x_t)$ 叫作残差（Residual）（这里将各观测点看作是已经观测完毕的一对已知数组，用小写字母来表示）。应当注意的是误差项和残

差的区别：误差项是未知回归直线同观测点的间隔，而残差是已知的估计直线同观测点的间隔。

为了便于讨论，我们暂且将测量点和直线之间距离的"评价函数"限定为残差 e_t 的函数。对照我们的常识，要求评价函数满足以下各条件：

残差可能为正也可能为负，但不管是正的残差还是负的残差，只要其绝对值相等：

（1）用与直线的离差这一标准来衡量，就应当完全平等地评价。

（2）评价函数必须是各残差绝对值的非减函数。把评价函数记为 $V(e_1, e_2, \cdots, e_N)$，将以上两条件用数学方式表现，可得：

$$V(e_1, e_2, \cdots, e_N) = V(|e_1|, |e_2|, \cdots, |e_N|) \tag{15-9}$$

$$\frac{\partial V}{\partial |e_t|} \geq 0, \quad t = 1, 2, \cdots, N \tag{15-10}$$

（3）N 个观测点都具有同等资格。即 e_t 和 $e_s(t \neq s)$ 作为评价函数的变量应得到同样的对待。这一条件同各期误差项的方差为一定值的假定有着密切的关系。将条件（3）用数学方式表现，可得，对于 $(1, 2, \cdots, N)$ 的任意重新排列 $(i_1, i_2, \cdots, i_n)$ 有：

$$V(e_{i_1}, e_{i_2}, \cdots, e_{i_N}) = V(e_1, e_2, \cdots, e_N) \tag{15-11}$$

（4）我们已经假定时期不同的概率误差项相互之间不相关。因此，评价函数中各 e_t 的作用最好是相互无关的。将这一叙述用数学公式表示，可得：

$$\frac{\partial^2 V}{\partial e_t \partial e_s} = 0, \quad t \neq s \tag{15-12}$$

根据以上的讨论，备选的评价函数被限定在相当狭小的范围内，作为满足资格的函数，例如可以考虑：

$$V = \sum_{t=1}^{N} |e_t|^k, \quad k \geq 1 \tag{15-13}$$

当 k 为偶数时，绝对值的符号就失去了意义。残差是回归系数的估计值 (α^*, β^*) 的函数。因此，如果给定了观测数据 (x_t, y_t)，则可以把 V 看作以 α^* 和 β^* 为变量的二变量函数。从而可以考虑确定能使 V 为最小的 α^* 和 β^* 的值。当然，使 V 的值为最小的 α^* 和 β^* 的值要依存于 N 个观测数据。

当 k = 1 时，评价函数式 (15–13) 是残差绝对值的总和。就某种意义来说，这一评价函数在直观上也许是最容易理解的。通过使它为最小来确定 α^* 和 β^* 的方式，叫作最小绝对离差估计法 (Least Absolute Deviation Estimation Method)。

当 k = 2 时，评价函数是残差的平方和。确定能使这一评价函数为最小的 α^* 和 β^* 的方式，便是最小二乘法 (Least Squares Method)。令 k = 2，将式 (15–9) 代入式 (15–13)，可得：

$$V = \sum_{t=1}^{N} (y_t - \alpha^* - \beta^* x_t)^2 \tag{15–14}$$

把样本观测值看作已知数，从而可以把 V 当作 α^* 和 β^* 的函数来考虑，利用解决最大最小问题的方法，令 V 对 α^* 和 β^* 的偏导数为零，可以推导出关于 α^* 和 β^* 的二元联立一次方程组为：

$$\frac{\partial V}{\partial \alpha^*} = -2 \sum_{t=1}^{N} (y_t - \alpha^* - \beta^* x_t) = 0 \tag{15–15}$$

$$\frac{\partial V}{\partial \beta^*} = -2 \sum_{t=1}^{N} x_t(y_t - \alpha^* - \beta^* x_t) = 0 \tag{15–16}$$

这一联立方程叫作正规方程式，其解如下：

$$\beta^* = \frac{\sum_{t=1}^{N} (x_t - \bar{x})(y_t - \bar{y})}{\sum_{t=1}^{N} (x_t - \bar{x})^2} \tag{15–17}$$

$$\alpha^* = \bar{y} - \beta^* \bar{x} \tag{15–18}$$

$$\bar{x} = \frac{1}{N} \sum_{t=1}^{N} x_t, \quad \bar{y} = \frac{1}{N} \sum_{t=1}^{N} y_t \tag{15–19}$$

在求解时，利用了下列恒等式：

$$\sum_{t=1}^{N} (x_t - \bar{x})^2 = \sum_{t=1}^{N} x_t^2 - \frac{1}{N} \left(\sum_{t=1}^{N} x_t \right)^2 \tag{15–20}$$

因为，V 的驻点（使偏导数同时为 0 的 α^* 和 β^* 的值）只有唯一的一个，而且通过增大 α^* 和 β^* 的值，可以使 V 无限增大，所以正规方程的解的确给出了 V 的最小值。于是，可知最小二乘估计量是：

$$\hat{\beta} = \frac{\sum_{t=1}^{N}(x_t - \bar{x})(y_t - \bar{y})}{\sum_{t=1}^{N}(x_t - \bar{x})^2} \tag{15-21}$$

$$\hat{\alpha} = \bar{y} - \hat{\beta}\bar{x} \tag{15-22}$$

$$\bar{x} = \frac{1}{N}\sum_{t=1}^{N}x_t, \quad \bar{y} = \frac{1}{N}\sum_{t=1}^{N}y_t \tag{15-23}$$

3. 最小二乘估计量的平均值和方差

我们已经相当详细地论述了关于"估计量的优劣"问题的一般理论。从 18 世纪由高斯（Gauss）发明的所谓最小二乘法直到今天仍得到如此广泛的实际运用这一事实来看，最小二乘估计法理论应具有某些特别的优点。如前所述，最小二乘法并不是"确定使 T 个观测点与回归直线之间的距离就整体来说为最小的直线位置"的独一无二的方法，它只不过是多种方法中的一个罢了。尽管如此，最小二乘法还能够绝对地凌驾于其他任何方法之上，一直被应用于现实数据的分析，这并不仅仅是由于计算简单，而且还有其他合适的理由——理论上的根据。事实上，在计算技术有了非常大的进步的今天，计算简便已经不再具有那样大的价值了。

以下，我们首先来研究一下最小二乘估计量的性质。将 $Y_t = \alpha + \beta X_t + \varepsilon_t$ 代入 $\hat{\beta}$ 估计量［式（15-21）］和 $\hat{\alpha}$ 估计量［式（15-22）］，并做以下变形：

$$\hat{\beta} = \beta + \frac{\sum_{t=1}^{N}(x_t - \bar{x})\varepsilon_t}{\sum_{t=1}^{N}(x_t - \bar{x})^2} \tag{15-24}$$

$$\hat{\alpha} = \bar{y} - \hat{\beta}\bar{x} = \alpha + \sum_{t=1}^{N}\left[\frac{1}{N} - \frac{\bar{X}(x_t - \bar{x})}{\sum_{t=1}^{N}(x_t - \bar{x})^2}\right]\varepsilon_t \tag{15-25}$$

于是，$\hat{\alpha}$ 和 $\hat{\beta}$ 的期望值分别为：

$$E(\hat{\alpha}) = \alpha \tag{15-26}$$

$$E(\hat{\beta}) = \beta \tag{15-27}$$

从而很简单地证明了 $\hat{\alpha}$ 和 $\hat{\beta}$ 分别是 α 和 β 的无偏估计量。这样，最小二乘估计量顺利地通过了第一道关卡。既然已表明最小二乘估计量具有无偏性，那么下一个问题就是估计量的方差的大小。我们暂且先根据方差的公式进行形式上的推导。

根据前面的假定：$Var(\varepsilon_t) = \sigma^2$ 和 $Cov(\varepsilon_t, \varepsilon_s) = 0$，由定义得：

$$Var(\hat{\beta}) = E(\hat{\beta} - \beta)^2 = \frac{\sigma^2}{\sum_{t=1}^{N} (x_t - \bar{x})^2} \tag{15-28}$$

按照同样的方法也可以推导出：

$$Var(\hat{\alpha}) = E(\hat{\alpha} - \alpha)^2 = \sigma^2 \left[\frac{1}{N} + \frac{\bar{x}^2}{\sum_{t=1}^{N} (x_t - \bar{x})^2} \right] \tag{15-29}$$

这里顺便再计算一下 $\hat{\alpha}$ 和 $\hat{\beta}$ 的协方差：

$$Cov(\hat{\alpha}, \hat{\beta}) = E(\hat{\alpha} - \alpha)(\hat{\beta} - \beta) = \frac{-\bar{x}\sigma^2}{\sum_{t=1}^{N} (x_t - \bar{x})^2} \tag{15-30}$$

从式（15-30）中大致能看出来，估计量的方差与样本的大小大致成反比。同时，解释变量在较广的范围内分布得越散，估计量的方差就越小。估计量的方差越小即意味着估计值的精度越高。当 $\lim\limits_{N \to \infty} \sum_{t=1}^{N} (x_t - \bar{x})^2 = \infty$ 时，$\hat{\alpha}$ 和 $\hat{\beta}$ 都是一致估计量。

（三）检验与预测

从最小二乘估计表达式（15-21）和式（15-22）可知，只要给出了 N 组数据 (x_i, y_i)，$i = 1, 2, \cdots, N$，总可将它们代入这两个表达式获得 α 和 β 的估计量，从而写出回归方程。但这个回归方程是否有意义呢？需要有个检验准则。为做检验，首先要建立假设。我们求回归方程的目的是要去反映 y 随 x 变化的一种统计规律，那么如果 β = 0，从式（15-4）可知，不管 X 如何变化，E（Y）不会随之而改变，在这种情况下求出的回归方程是无意义的。所以检验回归方程是否有意义的问题转化为检验下列假设是否为真：

$$H_0 : \beta = 0 \tag{15-31}$$

常用的方法有 F 检验和 t 检验方法。

1. F 检验

这一方法类似于第三章介绍的方差分析方法，也是从观察值的偏差平方和分解入手。我们观察到的 y_1，y_2，$\cdots$，y_N 的差异可以用总偏差平方和表示：

$$TSS = \sum_{i=1}^{N} (y_i - \bar{y})^2, \ df_T = N - 1 \tag{15-32}$$

造成这一差异的原因有如下两个方面：

（1）由于假设 β = 0 不真，从而对不同的 x 值，Ey 随 x 而变化。我们可以用下列偏差平方和来表示由此引起的差异：

$$RSS = \sum_{i=1}^{N} (\hat{y}_i - \bar{y})^2, \ df_R = 1 \tag{15-33}$$

式（15-33）称为回归平方和。其中，$\hat{y}_i = \hat{\alpha} + \hat{\beta} x_i = \bar{y} - \hat{\beta} \bar{x} + \hat{\beta} x_i = \bar{y} + \hat{\beta}$（$x_i -$ $\bar{x}$）。所以公式（15-33）又可以写成：

$$RSS = \sum_{i=1}^{N} (\hat{y}_i - \bar{y})^2$$

$$= \sum_{i=1}^{N} [\hat{\beta}(x_i - \bar{x}_i)^2] = \hat{\beta}^2 \sum_{i=1}^{N} (x_i - \bar{x})^2 \tag{15-34}$$

根据公式（15-28）可知，其期望值：

$$E(RSS) = E\hat{\beta}^2 \cdot \sum_{i=1}^{N} (x_i - \bar{x})^2$$

$$= [(E\hat{\beta})^2 + Var(\hat{\beta})] \sum_{i=1}^{N} (x_i - \bar{x})^2$$

$$= \beta^2 \sum_{i=1}^{N} (x_i - \bar{x})^2 + \sigma^2 \tag{15-35}$$

这便表明 RSS 中除了误差波动外，还反映了由于 $\hat{\beta} \neq 0$ 所引起的数据间的差异。

（2）由其他一切随机因素引起的差异，它可以用残差平方和式（15-36）来表示：

$$ESS = \sum_{i=1}^{N} (y_i - \hat{y}_i)^2, \quad df_E = N - 2 \tag{15-36}$$

由于可以证明：

$$ESS/\sigma^2 \sim x^2(N - 2) \tag{15-37}$$

于是有：

$$E(ESS) = (N - 2)\sigma^2 \tag{15-38}$$

所以其自由度为 $N - 2$。

根据公式 $\sum (y_i - \hat{y}_i) = 0$，$\sum (y_i - \hat{y}_i)x_i = 0$，从而有式（15-39）所示的平方和分解式：

$$TSS = \sum (y_i - \hat{y})^2 = \sum (y_i - \hat{y}_i + \hat{y}_i - \bar{y})^2$$

$$= \sum (y_i - \hat{y}_i)^2 + \sum (\hat{y}_i - \bar{y})^2$$

$$= ESS + RSS \tag{15-39}$$

由于在 $\beta = 0$ 为真，RSS 与 $ESS/(N - 2)$ 都是 σ^2 的无偏估计，因而采用 F 统计量来检验原假设 $\beta = 0$ 是否为真。

$$F = \frac{RSS/\sigma^2/1}{ESS/\sigma^2/(N - 2)} = \frac{RSS}{ESS/(N - 2)} \sim F(1, N - 2) \tag{15-40}$$

2. t 检验

由式（15-28）和式（15-29）可知：

$$\hat{\beta} \sim N(\beta, \frac{\sigma^2}{\sum (x_i - \bar{x})^2}) \tag{15-41}$$

$$\hat{\alpha} \sim N(\alpha, \sigma^2 [\frac{1}{N} + \frac{\bar{x}^2}{\sum (x_i - \bar{x})^2}]) \tag{15-42}$$

在原假设 $\beta = 0$ 为真时，$\dfrac{\hat{\beta}}{\sigma/\sqrt{\sum(x_i - \bar{x})^2}} \sim N(0, 1)$，但其中 σ 未知，常用

$\hat{\sigma}^2 = ESS/(N - 2)$ 去代替，根据公式（15-42）的和又与 β 独立，从而在 $\beta = 0$ 时有：

$$t = \frac{\hat{\beta}}{\hat{\sigma}/\sqrt{\sum(x_i - \bar{x})^2}} = \frac{\dfrac{\hat{\beta}}{\sigma/\sqrt{\sum(x_i - \bar{x})^2}}}{\sqrt{\dfrac{ESS}{\sigma^2}(N - 2)}} \sim t(N - 2) \tag{15-43}$$

实质上，对于一元回归方程 t 检验与 F 检验是等价的，因为只要将式（15-34）中的 RSS 代入式（15-39）中，就不难发现 $t^2 = F$。我们同样可以得到原假设 $\alpha = 0$ 为真时的 t 统计量：

$$t = \frac{\hat{\alpha}}{\hat{\sigma}\sqrt{1/N + \bar{x}^2/\sum(x_i - \bar{x})^2}}$$

$$= \frac{\dfrac{\hat{\alpha}}{\sigma\sqrt{1/N + \bar{x}^2/\sum(x_i - \bar{x})^2}}}{\sqrt{\dfrac{ESS}{\sigma^2}(N - 2)}} \sim t(N - 2) \tag{15-44}$$

3. 利用回归方程做预测

当求得回归方程 $\hat{y} = \hat{\alpha} + \hat{\beta}x$ 后，并经检验，方程是显著的，则可将该回归方程用于预测。所谓预测是指当 x 取某一个具体值 x_0 时，对相应的 y 取值 y_0 所做的推断。由模型可知 $y_0 = \alpha + \beta x_0 + \varepsilon$ 是一个随机变量，要预测随机变量的取值是不可能的，只能预测其期望值 $E(y_0)$。根据前面式（15-28）、式（15-29）和式（15-30）可知，在 $x = x_0$ 处的回归值是 $\hat{y}_0 = \hat{\alpha} + \hat{\beta}x_0$，且

$$\hat{y}_0 \sim N(E(\hat{y}_0), Var(\hat{y}_0)) \tag{15-45}$$

其中，

$$E(\hat{y}_0) = \alpha + \beta x_0 \tag{15-46}$$

$$\text{Var}(\hat{y}_0) = \left[\frac{1}{N} + \frac{\bar{x}^2}{\sum(x_t - \bar{x})^2}\right]\sigma^2 + \frac{x_0^2\sigma^2}{\sum(x_t - \bar{x})^2} - \frac{2\bar{x}x_0\sigma^2}{\sum(x_t - \bar{x})^2}$$

$$= \left[\frac{1}{N} + \frac{(x_0 - \bar{x})^2}{\sum(x_t - \bar{x})^2}\right]\sigma^2 \tag{15-47}$$

其中，σ 未知，用 $\hat{\sigma}^2 = \text{ESS}/(N-2)$ 去代替，设杠杆率 $h_0 = \frac{1}{N} + \frac{(x_0 - \bar{x})^2}{\sum(x_t - \bar{x})^2}$，

所以预测均值 $\hat{y}_0$ 的预测区间为：

$$\left(\hat{y}_0 - t_{\alpha/2}\sqrt{h_0\hat{\sigma}^2}, \ \hat{y}_0 + t_{\alpha/2}\sqrt{h_0\hat{\sigma}^2}\right) \tag{15-48}$$

其中，$t_{\alpha/2}$ 的自由度为 $N-2$。注意在 SAS 系统 model 语句中的 clm 选项按式（15-48）来计算。

然而在 $x = x_0$ 时，随机变量 y_0 的取值与预测均值 $\hat{y}_0$ 总会有一定的偏离，我们根据式（15-47）不难求出 $y_0 - \hat{y}_0$ 的均值 $E(y_0 - \hat{y}_0)$ 和方差 $\text{Var}(y_0 - \hat{y}_0)$，且它符合正态分布，故有：

$$y_0 - \hat{y}_0 \sim N\left(0, \left[1 + \frac{1}{N} + \frac{(x_0 - \bar{x})^2}{\sum(x_t - \bar{x})^2}\right]\sigma^2\right) \tag{15-49}$$

其中，σ 未知，用 $\hat{\sigma}^2 = \text{ESS}/(N-2)$ 去代替，所以 $y_0 - \hat{y}_0$ 的预测区间为：

$$\left((y_0 - \hat{y}_0) - t_{\alpha/2}\sqrt{(1 + h_0)\hat{\sigma}^2}, \ (y_0 - \hat{y}_0) + t_{\alpha/2}\sqrt{(1 + h_0)\hat{\sigma}^2}\right) \tag{15-50}$$

其中，$t_{\alpha/2}$ 的自由度为 $N-2$。注意在 SAS 系统 model 语句中的 cli 选项是按式（15-49）来计算。

从方差 $\text{Var}(y_0 - \hat{y}_0)$ 表达式中我们可以看到，当 x_0 取值离均值 $\bar{x}$ 越近，预测精度就越好，当 x_0 取值离均值 $\bar{x}$ 越远，预测精度就越差，其预测区间两头呈喇叭状。因此，我们要特别注意 x_0 取值应该在样本数据最小的 x_i 和最大的 x_i 之间，否则预测很不可靠。

（四）回归诊断

回归诊断主要用于检验关于回归假设是否成立，以及检验模型形式是否错误，否则我们通过最小二乘法求得的回归方程就缺乏理论依据。这些检验主要探究的问题为：

（1）残差是否为随机性、是否为正态性、是否为异方差。

（2）高度相关的自变量是否引起了共线性。

（3）模型的函数形式是否错误或在模型中是否缺少重要的自变量。

（4）样本数据中是否存在异常值。

1. 残差图分析

残差图就是以残差 $e_t = y_t - \hat{y}_t$ 为纵坐标，某一个合适的自变量为横坐标的散点图。残差中包含了许多有关数据和模型的信息，它是研究回归诊断最基本及最重要的统计量。残差图分析的基本思想是，在回归模型的假设中，我们总是假定误差项是独立的正态分布随机变量，且均值为零和方差相等为 σ^2。如果模型适合于观察到的数据，那么残差 e_t 作为误差 ε_t 的无偏估计 $\hat{\varepsilon}_t$，应基本反映误差 ε_t 的假设习性。即残差图应该在零点附近对称地密布，越远离零点的地方就越疏散，则在形象上似有正态趋势，常认为模型与数据拟合得很好。如图 15-5 所示，是残差可能出现的各种情况。

若残差图呈现如图 15-3（a）所示的形式，残差是随机的且不表示出一定的趋势与形式，我们认为建立的回归模型与数据拟和得很好。更进一步的诊断应该采用学生化残差鉴别是否正态性。一个简单的思想就是，如果模型假设正确的话，残差就应该是误差的良好估计，那么残差全体构成的直方图应当与正态曲线很相似。我们可以求出估计残差的方差 $\mathrm{Var}(\hat{\varepsilon}_t)$，且符合正态分布：

$$\hat{\varepsilon}_t \sim N\left(0, (1 - h_t)\frac{\mathrm{ESS}}{N - 2}\right) \tag{15-51}$$

那么学生化残差则遵循标准正态分布。

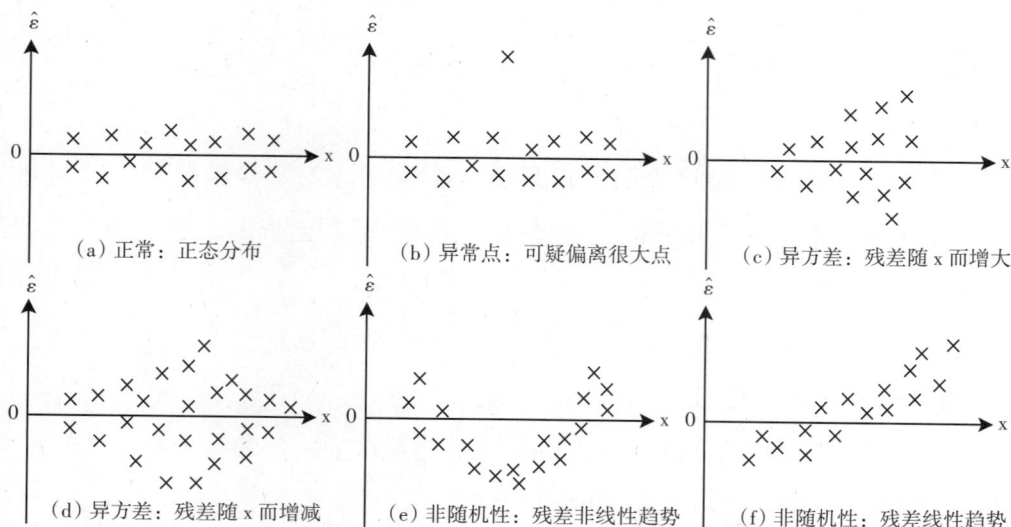

图 15-3　残差的主要几种类型

$$\frac{\hat{\varepsilon}_t}{\sqrt{Var(\hat{\varepsilon}_t)}} = \frac{y_t - \hat{y}_t}{\sqrt{(1 - h_t)ESS/(N - 2)}} \sim N(0, 1) \tag{15-52}$$

在实用中学生化残差常与 $\hat{y}_t$ 配合作图，会有更好的直观判断效果。

若残差图呈现如图 15-5（b）所示的形式，有一个对既定模型偏离很大的观察数据点，称为异常点。如果怀疑异常点是由于记录数据中发生的错误或者在测量过程中采用了拙劣的技巧，我们理应从数据集中删除，重新回归模型。但对异常点的处理须持谨慎态度，因为异常点的出现可能代表了相当重要的某些数据，它恰好成为我们探究某些事先不清楚或许是更为重要的因素的线索。在 SAS 系统的 reg 回归过程中用来度量异常点影响大小的统计量是 COOKD 统计量，计算方法请参阅 SAS/STAT 软件使用手册。

若残差图呈现如图 15-3（c）所示的形式，残差随 x 的增大而增大，如图15-3（d）所示的形式，残差随 x 的增大而先增后减，则蕴含着残差乃至误差对于不同的观察值具有不同的方差变化，称为异方差。在这种场合应该考虑在回归之前对数据 y 或 x 进行变换，实现方差稳定后再拟合回归模型。原则上，当误差方差变化不太快时取变换 $\sqrt{y}$，当误差方差变化较快时取变换 logy 或 lny，当误差方差变化很快时取变换 1/y。当然还存在着不少其他变换，如著名的 Box-Cox 幂变换

$$\frac{y^{\lambda} - 1}{\lambda}。$$

若残差图呈现如图 15-3（e）所示的形式，显示了模型本身具有非线性趋势，或者提示人们在模型中是否忽略了若干重要的变量，如图 15-3（f）所示的形式，显示了模型本身具有线性趋势。同样表示了模型的错误选定。

2. 共线性

回归研究中很容易发生模型中两个或两个以上的自变量高度相关，从而引起最小二乘估计可能很不精确。高度相关的自变量以及由它们所引起的估计问题合在一起称为共线性（Collinearity）问题。

为什么共线性会引起参数估计很不精确呢？主要原因是最小二乘法所利用的数据信息，如果存在共线性，就可能已经被其他的自变量说明了大部分，因此用剩余的少量数据估计参数，将导致估计参数的方差很大，置信区间也会很大，假设检验也使人缺乏信任感。在实际中最常见的问题是一些重要的自变量很可能由于在假设检验中 t 值不显著而被不恰当地剔除了。共线性诊断问题就是要找出哪些变量间存在共线性关系。SAS 系统的 reg 过程中提供了特征值法、条件指数 collin 和方差膨胀因子 vif。

3. 误差的独立性

在回归诊断中，有一个非常重要的回归模型假设需要诊断和检验，那就是回归模型中的误差项的对立性。如果误差项不独立，那么我们对回归模型的许多处理，包括误差项估计、假设检验等都将没有推导依据。由于残差是误差的合理估计，因此检验统计量通常是建立在残差的基础上。检验误差独立性的最常用方法，是对残差的一阶自相关性进行 Durbin-Watson 检验。原假设 H_0：误差项是相互独立的，备选假设 H_1：误差项是相关的。检验统计量为：

$$DW = \sum_{t=2}^{N} (e_t - e_{t-1})^2 / ESS \tag{15-53}$$

我们可以通过简单不等式证明：

$$0 \leqslant \sum_{t=2}^{N} (e_t - e_{t-1})^2 \leqslant 2\left(\sum_{t=2}^{N} e_t^2 + \sum_{t=2}^{N} e_{t-1}^2\right) \leqslant 4\sum_{t=1}^{N} e_t^2 = 4ESS$$

因此 DW 统计量应满足：

$$0 \leqslant DW < 4 \tag{15-54}$$

如果 DW 接近于 0，表示残差中存在正自相关；如果 DW 接近于 4，表示残差中存在负自相关；如果 DW 接近于 2，表示残差独立性。在给定显著水平 α 下，我们可以查 Durbin-Watson 表得到不能拒绝独立性原假设的区间 $DW_L < DW < DW_U$。

本章小结

回归分析有很广泛的应用，如实验数据的一般处理，经验公式的求得、因素分析、产品质量的控制、气象及地震预报，自动控制中数学模型的制定等。多元回归分析是研究多个变量之间关系的回归分析方法。

第十六章 聚类分析模型

一、聚类分析基础知识

（一）聚类分析概述

在超市，物品种类非常繁多，首先肯定不能随意摆放，否则不仅不利于客户购买，也不利于商品的清点。其实生活和学习研究中很多时候都会碰到这种问题，例如大量的数据，如何才能将数据归类呢？有哪些方法能归类？而归类的规则又是怎样的呢？

聚类分析是多元统计分析中研究"物以类聚"的一种方法，用于对事物的类别面貌尚不清楚，甚至在事前连总共有几类都不能确定的情况下进行分类的场合。

聚类分析主要目的是研究事物的分类，而不同于判别分析。在判别分析中必须事先知道各种判别的类型和数目，并且要有一批来自各判别类型的样本，才能建立判别函数来对未知属性的样本进行判别和归类。若对一批样品划分的类型和分类的数目事先并不知道，这时对数据的分类就需借助聚类分析方法来解决。

（二）距离和相似系数

聚类根据实际的需要有两个方向：一是对样品的聚类，一是对变量的聚类。相应的聚类统计量有两种：一种是类与类之间距离，它是把每一个样品看成高维空间中的一个点，类与类之间用某种原则规定它们的距离，将距离近的点聚合成一类，距离远的点聚合成另一类。距离一般用于对样品分类。

另一种是相似系数，根据这个统计指标将比较相似的变量归为一类，而把不太相似的变量归为另一类，用它可以把变量的亲疏关系直观地表示出来。

对于定量变换，最常用的距离有闵可夫斯基距离、兰氏距离和马氏距离等。

1. 闵可夫斯基距离

$$d_{ij}(q) = \left(\sum_{k=1}^{p} |x_{ik} - x_{jk}|^q \right)^{\frac{1}{q}}, \quad (i,j = 1, 2, \cdots, n) \tag{16-1}$$

当 q = 1 时为绝对距离。

$$d_{ij}(q) = \sum_{k=1}^{p} |x_{ik} - x_{jk}|, \quad (i,j = 1, 2, \cdots, n) \tag{16-2}$$

当 q = 2 时为欧式距离。

$$d_{ij}(q) = \left(\sum_{k=1}^{p} |x_{ik} - x_{jk}|^2 \right)^{\frac{1}{2}}, \quad (i,j = 1, 2, \cdots, n) \tag{16-3}$$

当 q = ∞ 时，从闵可夫斯基的定义可以看出，当各变量的测量值比较悬殊时，用闵可夫斯基距离不是明智的选择，常常要对数据进行标准化，然后用标准化的数据计算距离。

$$d_{ij}(\infty) = \max_{1 \leqslant k \leqslant p} |x_{ik} - x_{jk}|, \quad (i,j = 1, 2, \cdots, n) \tag{16-4}$$

2. 兰氏距离

兰氏距离是由 Lance 和 Williams 最早提出的，故称为兰氏距离。其定义为：

$$d_{ij}(L) = \frac{1}{m} \sum_{k=1}^{m} \frac{|x_{ik} - x_{jk}|}{(x_{ik} + x_{jk})}, \quad (i, j = 1, 2, \cdots, n) \tag{16-5}$$

这是一个无量纲的量，克服了闵可夫斯基距离与各指标的量纲有关的缺点，且兰氏距离对大的奇异值不敏感，这使其特别适合高度偏移的和数据。但兰氏距离也没有考虑变量间的相关性。

闵可夫斯基距离和兰氏距离都是假定变量之间相互独立，即在正交空间中讨论距离。但在实际问题中，变量之间往往存在着一定的相关性，为克服变量之间相关性的影响，可以采用马氏距离。

3. 马氏距离

马氏距离是由印度统计学家马哈拉诺比斯于 1936 年引入的。马氏距离既排除了各指标之间相关性的干扰，而且还不受各指标量纲的影响。此外，它还有一些优点，如可以证明，将原数据做一次线性交换后，马氏距离仍不变等。下面给出马氏距离的定义。

$$d_{ij}^2(M) = (X - \mu)'\Sigma^{-1}(X - \mu) \tag{16-6}$$

其中，Σ 表示指标的协方差阵；X 为样品 X_i 的 p 个指标组成的向量，即原始资料阵的第 i 行向量。

马氏距离克服了变量之间相关性的干扰，并且不受量纲的影响，但是在聚类分析处理之前，如果用全部数据计算均值和协方差阵来求马氏距离，效果不是很好。比较合理的办法是用各类的样本来计算各自的协方差阵，同一类样品之间的马氏距离应当用这一类的协方差阵来计算，但一类的形成需要依赖于样品间的距离，而样品间合理的马氏距离依赖于类，这样就形成了一个恶性循环。因此，在实际聚类分析中，马氏距离也不是理想的距离。

为了克服变量相关性的影响，我们引入斜交空间距离。

4. 斜交空间距离

由于变量之间存在着不同程度的相关关系，在这种情况下，用正交空间距离来计算样品间的距离，易产生形变，从而使得用聚类分析进行分类时的谱系结构发生变形。

在 m 维空间中，为使具有相关性变量的谱系结构不发生变形，采用由式 (16-7) 定义的斜交空间距离，即：

$$d_{ij} = \left[\frac{1}{m^2} \sum_{k=1}^{m} \sum_{l=1}^{m} (x_{ik} - x_{jk})(x_{il} - x_{jl}) r_{kl} \right]^{\frac{1}{2}}, \quad (i,j = 1, 2, \cdots, n) \qquad (16-7)$$

其中，r_{kl} 为变量 X_k 和 X_l 之间的相关系数。

聚类分析有时也需要对变量进行聚类。在对变量进行聚类时，也可以定义变量间的距离，通常使用变量间的相似系数。常用的相似系数有：

5. 相关系数

$$r_{ij} = \frac{\sum_{k=1}^{n} (x_{ki} - \bar{x}_i)(x_{kj} - \bar{x}_j)}{\sqrt{\sum_{k=1}^{n} (x_{ki} - \bar{x}_i)^2 \sum_{k=1}^{n} (x_{kj} - \bar{x}_j)^2}}, \quad (-1 \leqslant r_{ij} \leqslant 1) \qquad (16-8)$$

把两两变量之间的相关系数都算出后，排成矩阵为：

$$R = (r_{ij}) = \begin{bmatrix} r_{11} & r_{12} & \cdots & r_{1p} \\ r_{21} & r_{22} & \cdots & r_{2p} \\ \cdots & \cdots & \cdots & \cdots \\ r_{p1} & r_{p2} & \cdots & r_{pp} \end{bmatrix}$$

其中，$r_{11} = r_{22} = \cdots = r_{pp} = 1$，可根据 R 对 p 个变量进行分类。

6. 夹角余弦

$$\cos\theta_{ij} = \frac{\sum_{k=1}^{n} x_{ki} x_{kj}}{\sqrt{\sum_{k=1}^{n} x_{ki}^2 \sum_{k=1}^{n} x_{kj}^2}} \qquad (16-9)$$

把两两列间夹角余弦算出后，排成矩阵：

$$\Theta = \begin{bmatrix} \cos\theta_{11} & \cos\theta_{12} & \cdots & \cos\theta_{1p} \\ \cos\theta_{21} & \cos\theta_{22} & \cdots & \cos\theta_{2p} \\ \cdots & \cdots & \cdots & \cdots \\ \cos\theta_{p1} & \cos\theta_{p2} & \cdots & \cos\theta_{pp} \end{bmatrix}$$

其中，$\cos\theta_{11} = \cos\theta_{22} = \cdots = \cos\theta_{pp} = 1$，可根据 Θ 对 p 个变量进行分类。

二、聚类分析的方法

我们的目的是聚类，那么什么叫类呢？由于客观事物的千差万别，在不同的问题中类的含义是不尽相同的。如图 16-1 中表现了五种不同类型的类。

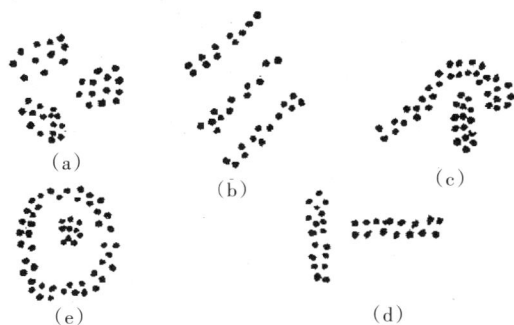

图 16-1　各种形式的类

给类一个严格的定义，绝非一件简单的事。下面给出类的几个定义，不同的定义适用于不同的场合。用 G 表示类，假设 G 中有 k 个元素，用 i、j 表示 G 中第 i、j 个因素。

定义 1　T 为一给定的阈值，如果对任意的 $i, j \in G$，有 $d_{ij} \leqslant T$（d_{ij} 为 i 和 j 的距离），则称 G 为一个类。

定义 2　T 为一给定的阈值，如果对每个 $i \in G$，有 $\dfrac{1}{k-1} \sum\limits_{j \in G} d_{ij} \leqslant T$，则称 G 为一个类。

定义 3　T 为一给定的阈值，如果对任意一个 $i \in G$，一定存在 $j \in G$ 使得 $d_{ij} \leqslant T$，则称 G 为一个类。

易见，定义 2 的要求是最高的，凡符合它的类，一定也是后两种定义的类。此外，凡符合定义 3 的类，也一定是定义 4 的类。

(一) 类的特征

现在类 G 的元素用 x_1, $\cdots$, x_m 表示，m 为 G 内的样品数，可以从不同的角度来刻画 G 的特征。常用的特征有如下三种：

（1）均值 $\bar{x}_G$（或称为 G 的重心）：

$$\bar{x}_G = \frac{1}{m} \sum_{i=1}^{m} x_i \tag{16-10}$$

（2）样品协方差阵：

$$A_G = \sum_{i=1}^{m} (x_i - \bar{x}_G)(x_i - \bar{x}_G)'$$

$$S_G = \frac{1}{m-1} A_G \tag{16-11}$$

（3）G 的直径。它有多种定义，例如：

$$D_G = \sum_{i=1}^{m} (x_i - \bar{x}_G)'(x_i - \bar{x}_G) = \mathrm{tr}(A_G) \tag{16-12}$$

$$D_G = \max_{i,j \in G} d_{ij} \tag{16-13}$$

(二) 类的距离

在聚类分析中，不仅要考虑各个类的特征，而且还要计算类与类之间的距离。由于类的形状是多种多样的，所以类与类之间的距离也有多种计算方法。令 G_p 和 G_q 中分别有 p 和 q 个样品，它们的重心分别记为 $\bar{x}_p$ 和 $\bar{x}_q$。下面给出一些常用的类与类之间距离定义，用 D(p, q) 表示：

1. 最短距离

$$D(p, q) = \min\{d_{jk}|j \in G_p,\ k \in G_q\} \tag{16-14}$$

类与类之间距离定义为 G_p 和 G_q 中最邻近的两个样品的距离。最短距离法有许多理想的理论性质，但在蒙特卡洛（Monto Carlo）模拟研究中（Milligan，

1980）进行得很不顺利。它不对类的形状加以限制，保证了对拉长和不规则类的检测，如图 16-1 中的（b）、（c）、（e）、（d）形式的类。但它却牺牲了恢复压缩类的性能，另外它也趋向于在分开主要类之前去掉分布的尾部（Hartigan，1981）。

2. 最长距离

$$D(p,\ q) = \max\{d_{jk} | j \in G_p,\ k \in G_q\} \tag{16-15}$$

类与类之间距离定义为 G_p 和 G_q 中最远的两个样品的距离。最长距离法严重地倾向于产生直径粗略相等的类，而且可能被异常值严重地扭曲。如图 16-1 中的（a）形式的类。最长距离法由 Sorensen（1948）提出。

3. 重心法距离

$$D(p,\ q) = (\bar{x}_p - \bar{x}_q)'(\bar{x}_p - \bar{x}_q) \tag{16-16}$$

类与类之间距离定义为两个重心或均值 $\bar{x}_p$ 和 $\bar{x}_q$ 之间欧氏距离的平方。重心法在处理异常值上比其他谱系方法更稳健，但是在其他方面不如 Ward 或类平均距离法的效果好（Milligan，1980）。重心法由 Sokal 和 Michener（1958）提出。

4. 类平均距离

$$D(p,\ q) = \frac{1}{pq} \sum_{i \in G_p} \sum_{j \in G_q} d_{ij} \tag{16-17}$$

类与类之间距离定义为 G_p 和 G_q 中所有两个样品对它们之间距离的平均。类平均距离法趋向于合并具有较小偏差的类，而且稍微有点倾向与产生相同方差的类。例如，如图 16-1 中（a）形式的类。类平均距离法首先由 Sokal 和 Michener（1958）提出。

5. Ward 最小方差法或 Ward 离差平方和距离

若采用直径［式（16-12）、式（16-13）］的定义方法，用 D_p、D_q 分别表示 G_p 和 G_q 的直径，用 D_{p+q} 表示大类 $D_p \cup D_q$ 的直径，则：

$$D_p = \sum_{i \in G_p} (x_i - \bar{x}_p)'(x_i - \bar{x}_p),\ D_q = \sum_{j \in G_q} (x_j - \bar{x}_q)'(x_j - \bar{x}_q) \tag{16-18}$$

$$D_{p+q} = \sum_{i \in G_p \cup G_q} (x_i - \bar{x})'(x_i - \bar{x}) \tag{16-19}$$

其中，$\bar{x} = \dfrac{1}{p+q} \displaystyle\sum_{i \in G_p \cup G_q} x_i$。用离差平方和法定义 G_p 和 G_q 之间的距离为两个类对所有变量的 ANOVA 平方和，即：

$$D_w(p, q) = D_{p+q} - D_p - D_q \tag{16-20}$$

可以证明这种定义是有意义的，并且：

$$D_{p+q} = D_p + D_q + \frac{pq}{p+q}(\bar{x}_p - \bar{x}_q)'(\bar{x}_p - \bar{x}_q) \tag{16-21}$$

那么，

$$D_w(p, q) = \frac{pq}{p+q}(\bar{x}_p - \bar{x}_q)'(\bar{x}_p - \bar{x}_q) \tag{16-22}$$

如果样品间的距离采用欧氏距离，式（16-22）可表示为：

$$D_w(p, q) = \frac{pq}{p+q}D(p, q) \tag{16-23}$$

这表明，$D_w(p,q)$ 与重心法的距离 [式（16-16）] $D(p,q)$ 只差一个常数 $pq/(p+q)$ 倍，这个倍数显然与这两类的样品数 p 和 q 有关。

Ward 离差平方和距离法在每次合并 G_p 类和 G_q 类为 G_{p+q} 类时，总是选择这样两个 G_p 类和 G_q 类，使它们合并成 G_{p+q} 类后的 $D_w(p, q)$ 值最小，故也称为 Ward 最小方差法。合并后增加的最小方差 $D_w(p,q)$ 除以合并后总的离差平方和 TSS 的比值（即半偏 R^2）的统计意义是容易解释的。Ward 最小方差法一般是在多元正态混合型、等球形协方差、等抽样概率假设下合并类。所以，Ward 方法趋向于合并具有少量观察的类，并倾向于形成具有大约相同数目观察的类。如图 16-1 中（a）形式的类。Ward 方法对异常值也很敏感（Milligan，1980）。最小方差法或离差平方和由 Ward（1963）提出。

6. 密度估计法

密度估计法是一类使用非参数概率密度的聚类方法。如图 16-1 中（b）形式的类。包括两个步骤：①使用一种基于密度估计的新的非相似测度 d* 来计算样品 x_i 和 x_j 的近邻关系；②然后根据基于 d* 方法计算的距离，采用最小距离法进行聚类。有三种不同的密度估计法：

（1）最近邻估计法。k 最近邻估计法（Wong 和 Lane，1983）使用 k 最近邻密度估计来计算距离。令 $r_k(x)$ 为点 x 到第 k 个最近观察的距离。考虑以点 x 为中心 $r_k(x)$ 为半径的封闭球，在 x 点的密度估计函数 $f(x)$ 等于球内的观察数目除以球的体积所得比值。这样，新的非相似测度距离 d^* 为：

$$d^*(x_i,\ x_j) = \begin{cases} (1/f(x_i) + 1/f(x_j))/2 & \text{如果 } d(x_i,\ x_j) \leq \max(r_k(x_i),\ r_k(x_j)) \\ \infty & \text{否则} \end{cases}$$

(16-24)

k 最近邻估计法适用于样品数目较多且密度较高的类。

（2）均匀核估计法。均匀核估计使用了均匀核密度估计来计算距离。考虑以点 x 为中心 r 为半径的封闭球，在 x 点的密度估计函数 $f(x)$ 等于球内的观察数目除以球的体积所得比值。它与 k 最近邻估计法的主要区别为半径是一个指定的值，即封闭球大小是一样的（均匀核）。这样，新的非相似测度距离 d^* 为：

$$d^*(x_i,\ x_j) = \begin{cases} (1/f(x_i) + 1/f(x_j))/2 & \text{如果 } d(x_i,\ x_j) \leq r \\ \infty & \text{否则} \end{cases}$$

(16-25)

（3）Wong 混合法。Wong 混合法初始聚类时采用 k 最近邻估计法，得到初始分类 G_p、G_q 和 G_m，也可从输入数据集得到类的均值 $\bar{x}_p$、$\bar{x}_q$ 和 $\bar{x}_m$ 及样品数 p、q 和 m。判断这三个初始分类中某两个初始分类是近邻的标准为（假设判断类 G_p 和 G_q）：

$$d^2(\bar{x}_p,\ \bar{x}_q) < d^2(\bar{x}_p,\ \bar{x}_m) + d^2(\bar{x}_q,\ \bar{x}_m)$$

(16-26)

那么，新的非相似测度距离 d^* 为：

$$d^*(\bar{x}_p,\ \bar{x}_q) = \begin{cases} \dfrac{(D_p + D_q + (p+q)d^2(\bar{x}_p,\ \bar{x}_q)/4)^{v/2}}{(p+q)^{1+v/2}} & \text{如果 } G_p \text{ 和 } G_q \text{ 是近邻} \\ \infty \end{cases}$$

(16-27)

其中，D_p 和 D_q 是初始分类 D_p 和 D_q 的直径。v 为观察样品的变量维数。Wong 混合法适用于大的数据集而不适用于小的数据集。

7. 两阶段密度估计法

两阶段密度估计法是 SAS 研究所的 W. S. Sarle 发展的。使用密度估计法时，众数类（Modal Clusters）经常在尾部所有点聚类之前就已经被合并掉了。两阶段密度估计法对密度估计法这一缺点进行了修正，以确保众数类被合并之前，所有点能被分配到众数类中去。同样，两阶段密度估计法支持密度估计法的三种形式：k 最近邻估计法、均匀核估计法和 Wong 混合法。两阶段密度估计法的两阶段是指：

在第一阶段中，互不相交的众数类被生成。密度估计法中的类合并使用与最短距离算法相同的合并方法。但有一个例外，只有在两个类中至少有一个类中的样品个数少于 proc cluster 过程的选项 mode = 值时才能合并。在第一阶段结束时每个样品点属于一个众数类。

在第二阶段中，把第一阶段中形成的众数类再按最短距离法谱系（某一类能够完全地包含在别的类里，但在类之间不允许其他形式的重叠）合并。

8. 最大似然估计法

最大似然估计法（EML）是 SAS 研究所的 W.S.Sarle 发展 Symans（1981）对不相交的类的研究，由最大似然公式得到。类 G_p 和类 G_q 合并成类 G_m，G_p 和 G_q 两类之间的距离公式为：

$$d\left(x_p,\ x_q\right) = nv\ln\left(1 + D_w(p,\ q)\big/ \sum D_i\right) - 2\left(m\ln(m)\right) - p\ln(p) - q\ln(q)$$

$$(16-28)$$

其中，n 为观察总数，v 为观察样品的变量维数，$D_w(p,\ q)$ 为式（16-20），$\sum D_i$ 为在谱系的第 G 层对 G 个类的直径求和。最大似然估计法是在多元正态混合分布、等球面协方差和不等抽样概率三个基本假设的前提下，使得在谱系的每个水平上似然值最大。

EML 除了偏向于生成不等大小的类外，与 Ward 最小方差法很相似。proc cluster 过程的偏度选项 penalty = p 值可用于调整偏向的程度。修正公式为将式（16-28）中的 2 改为 p 值。

（三）类的各种统计量

类 G_p 的均方根标准差：

$$RMSSTD = \sqrt{D_G / (v(p-1))} \qquad (16-29)$$

其中，D_G 为类 G_p 的直径，定义式（16-12），即类内的离差平方和。把一个类的离差平方和定义为直径是非常形象化的，例如，如果一个类的离差平方和等于 0，那么类内的所有点都集中在一个点上，所以类的直径为 0；如果一个类的离差平方和逐渐变大，那么类内的所有点就越来越分散，包含所有点的一个圆或球就会越来越大，相应地这个圆或球的直径就越来越大。v 为观察样品的变量维数，p 为类 G_p 中的观察数目。

1. R^2 统计量

$$R^2 = 1 - \sum D_i / TSS \qquad (16-30)$$

其中，$\sum D_i$ 为在谱系的第 G 层对 G 个类的直径求和，TSS 为所有观察的总离差平方和。一般来说，R^2 统计量用于评价每次合并成 G 个类时的聚类效果。当 $\sum D_i / TSS$ 值越小（即 R^2 统计量越大，越接近 1），表示类内离差平方和 $\sum D_i$ 在总离差平方和 TSS 中所占的比例越小，说明了这 G 个类越分开，聚类效果越好。

R^2 的值总是在 0~1 之间，当 n 个样品各自为一类时，$R^2 = 1$，说明类被完全分开；当 n 个样品最后合并成一类时，$R^2 = 0$，说明类被完全混合在一起了，分不清楚了。而且 R^2 的值总是随着分类个数的减少而变小。那么根据 R^2 的值来确定 n 个样品应分为几类最合适呢？首先，最合适分类的 R^2 的值不能太小，最好能达到 0.7 以上；其次，不能孤立地看合并后 R^2 值的大小，应该看 R^2 值的变化。类的合并总是使 R^2 值变小，如果这种变小是均匀的，合并是应该的，但当某次合并使 R^2 值减少很多，这次合并就不应该，即我们找到了最合适的分类数。例如，从 10 类合并到 5 类时，R^2 值每次减少大约在 0.01~0.02，R^2 值减小到 0.8，从 5 类合并到 4 类时，R^2 值减少了 0.3，即 $R^2 = 0.8 - 0.3 = 0.5$，这时，我们就可以得出分 5 类是最合适的。

2. 半偏 R^2 统计量

合并类 G_p 和类 G_q 为类 G_m 时，可以用半偏 R^2 统计量评价这次合并的效果，半偏（Semipartial）R^2 计算公式为：

半偏 $R^2 = D_w(p, q)/TSS$ (16–31)

其中，$D_w(p, q)$ 的计算公式见式（16–20），表示合并类 G_p 和类 G_q 为新类 G_m 后，类内离差平方和的增量。显然，半偏 R^2 值 = 上次合并后 R^2 值–这次合并后 R^2 值，例如，以上例的数据为例，合并到 4 类时的半偏 R^2 值 = 0.3。故这次合并后的半偏 R^2 值越大，说明上次合并后停止合并的效果最好。

3. 伪 F 统计量

$$伪 F(v(G-1), v(n-G)) = \frac{(TSS - \sum D_i)/(G-1)}{\sum D_i/(n-G)} \qquad (16-32)$$

其中，G 为聚类的个数；n 为观察总数；v 为观察样品的变量维数。自由度为 $v(G-1)$ 和 $v(n-G)$。在给定显著水平上该伪（Pseduo）F 统计量用于评价分为 G 个聚类的效果。伪 F 值越大越表示这些观察可显著地分为 G 个类。

4. 伪 t^2 统计量

$$伪 t^2(v, v(p+q-2)) = \frac{D_m - D_p - D_q}{(D_p + D_q)(p+q-2)} \qquad (16-33)$$

该统计量用以评价合并类 G_p 和类 G_q 的效果。该值很大说明合并类 G_p 和类 G_q 为类 G_m 后，使得离差平方和的增加量（$D_m - D_p - D_q$）相对于原来 G_p 和 G_q 两类的类内离差平方和很大。这表明上一次合并的两个类 G_p 和 G_q 是分开的，也就是说上一次聚类的效果是很好的。否则，这两个类应该在再合并时的离差平方和的增加量很小。

上面的伪 F 和伪 t^2 统计量都可以作为确定类个数的有用指标，但是它们不是真正具有像随机变量一样的 F 分布和 t^2 分布。因为只有在观察数据来自具有标量协方差矩阵的多元正态分布的独立样本，且聚类方法将观察随机分类的假设前提下，伪 F 和伪 t^2 统计量才具有真正的 F 分布和 t^2 分布。而上述的两个假设前提在实际应用中是很难达到的，故称这两个统计量为伪统计量。

（四）类的个数

确定各种形式的聚类分析总体中的类的个数问题，至今找不到令人满意的方法。在聚类过程中把分类对象分成多少类最适宜是一个十分困难的问题。一般情况下，是看每个变量的 R^2 值及所有变量的累积 R^2 值，观察这些 R^2 值与聚类个数所画的折线图形对判断分成几类是有帮助的。

检查数据的散点图对于确定聚类的个数也是一个很好的主意。对于观察数据只有二维或三维变量，使用 proc plot 或 proc gplot 过程来画二维数据的散点图，使用 proc g3d 过程来画三维数据的散点图。对于更多维数（＞3）的变量数据，首先使用 proc candisc 典型判别分析过程对原始变量进行降维，计算出典型变量 can1、can2、can3 等。一般情况下，3 个或 3 个以内的典型变量就已经能很好地概括原始数据的变异了。然后，对这些典型变量作散点图。

通常的显著性检验，如方差分析的 F 检验，对于检验类之间的差异是无效的。Arnold（1979）使用模拟的方法导出了有关确定类的个数准则的有用信息。Sarle（1983）在应用广泛的模拟基础上，发展提出立方聚类准则 CCC（Cubic Clustering Criterion）。这个准则可以用于原始的假设检验及估计总体分类的数目。CCC 是基于这样的假设：在超矩形上的均匀分布将粗略地被分为形状像超正方体一样的类。如果在大样本时有可能分成合适数目的超正方体，那么这个假设将给出很准确的结果。但在其他情况下，CCC 将给出比较保守的结果。

Milligan（1984）和 Cooper（1985）使用 4 种谱系聚类方法比较了 30 种不同总体类型的聚类个数确定。在对样本数据的模拟研究中，找出了以下三个最好的准则：①伪 F 统计量；②伪 t^2 统计量；③立方聚类准则 CCC。在 cluster 过程中这三个准则都被应用和输出，而在 fastclus 过程中仅伪 F 统计量和 CCC 统计量被应用和输出。我们建议寻找这三种统计量之间的一致性，即 CCC 统计量和 F 统计量的局部峰值所对应的聚类数，与这个聚类数伪 t^2 统计量的一个较小值和下一个聚类数的一个较大伪 t^2 统计量相吻合。还必须强调这些准则仅适用于紧凑的或略微拉长的类，也较好地适合于略微正态分布的类。

或许，研究类的个数的最好方法是 Wong 等在 1983 年提供的 k 最近邻估计法同变化的 k 值一起被应用的方法。如果 K 值在一个很宽的范围内所得到的聚类估计数都是常数，则这个常数是一个很好的聚类数结论。通常应该画出聚类估计数对 k 值的图形，这样还可能从图形中获得很多有用信息。

三、聚类分析的步骤

系统聚类法（Hierarchical Clustering Method）是目前使用最多的一种方法。其基本思想是首先将 n 个样品看成 n 类（即一类包括一个样品），然后规定样品之间的距离和类与类之间的距离。将距离最近的两类合并为一个新类，在计算新类和其他类之间的距离的基础上，再从中找出最近的两类合并，继续下去，最后所有的样品全在一类。将上述并类过程画成聚类图，便可以决定分多少类，每类各有什么样品。

系统聚类法的步骤为：①首先各样品自成一类，这样对 n 组样品就相当于有 n 类；②计算各类间的距离，将其中最近的两类进行合并；③计算新类与其余各类的距离，再将距离最近的两类合并；④重复上述步骤，直到所有的样品都聚为一类时为止。下面我们以最短距离法为例来说明系统聚类法的过程。最短距离法的聚类步骤如下：

（1）规定样品之间的距离，计算样品的两两距离，距离矩阵记为 $S_{(0)}$，开始视每个样品分别为一类，这时显然应有 $D(p, q) = d_{pq}$。

（2）选择距离矩阵 $S_{(0)}$ 中的最小元素，不失一般性，记其为 $D(p, q)$，则将 G_p 与 G_q 合并为一新类，记为 G_m，有 $G_m = G_p \cup G_q$。

（3）计算新类 G_m 与其他各类的距离，得到新的距离矩阵记为 $S_{(1)}$；

（4）对 $S_{(1)}$ 重复开始进行第②步，……，直到所有样品成为一类为止。

值得注意的是在整个聚类的过程中，如果在某一步的距离矩阵中最小元素不止一个时，则可以将其同时合并。

（一）动态聚类法

开始将 n 个样品粗略地分成若干类，然后用某种最优准则进行调整，一次又一次地调整，直至不能调整了为止。此法非常类似于计算方法的迭代法。

（二）分解法

它的程序正好和系统聚类相反，开始时所有的样本都在一类，然后用某种最优准则将它分成两类。再用同样准则将这两类各自试图分裂为两类，从中选出一个使目标函数较好者，这样由两类变成了三类。如此下去，一直分裂到每类只有一个样品为止（或用其他停止规则）。

（三）加入法

将样品依次输入，每次输入后将它放到当前聚类图的应有位置上，全部输入后，即得聚类图。

本章小结

（1）聚类有不相交聚类、谱系聚类、重叠聚类、模糊聚类四种类型。

（2）判别分析和聚类分析是两种不同的分类方法，它们所起的作用是不同的。判别分析方法假定类已事先分好，判别新样品应归属哪一类，对类的事先划分常常通过聚类分析得到。聚类分析方法是按样品的数据特征，把相似的样品倾向于分在同一类中，把不相似的样品倾向于分在不同类中。

（3）通常测量变量有三种尺度：间隔尺度、有序尺度和名义尺度，其中间隔尺度使用得最多，本章主要讨论这种尺度。

（4）距离和相似系数这两个概念反映了样品（或变量）之间的相似程度。相似程度越高，一般两个样品（或变量）间的距离就越小或相似系数的绝对值就越大；反之，相似程度越低，一般两个样品（或变量）间的距离就越大或相似系数的绝对值就越小。

（5）系统聚类法是最常用的聚类方法，其他常用的系统聚类方法有最短距离法、最长距离法、中间距离法、类平均法、重心法、Ward 最小方差法、密度估计法、两阶段密度估计法、最大似然估计法、相似分析法和可变类平均法。

大多数研究表明：最好综合特性的聚类方法为类平均法或 Ward 最小方差法，而最差的则为最短距离法。Ward 最小方差法倾向于寻找观察数相同的类。类平均法偏向寻找等方差的类。具有最小偏差的聚类方法为最短距离法和密度估计法。拉长的或无规则的类使用最短距离法比其他方法好。最没有偏见的聚类方法为密度估计法。

第十七章 判别分析模型

一、判别分析基础知识

判别分析方法的任务是根据已掌握的一批分类明确的样品，建立一个较好的判别函数，使得用此判别函数进行判别时错判事例最少，进而能用此判别函数对给定的一个新样品判别它来自哪个总体。

判别分析（Discriminate Analysis）是用以判别个体所属类体的一种统计方法。它产生于 20 世纪 30 年代，近年来，在现代自然科学的各个分支和技术部门中得到了广泛的应用。

判别分析方法通常要给出一个判别指标——判别函数，同时还要指定一种判别规则。下面我们介绍：距离判别分析方法和 Fisher 线性函数判别方法。

二、判别分析方法

（一）距离判别分析

如果假设每组内分布为多元正态分布，基于多元正态分布理论的参数法将导出一个线性或二次的距离判别函数。否则，将采用不基于任何分布假设的非参数方法。

1. 贝叶斯理论

在距离判别分析利用贝叶斯理论计算样品 x 属于每一组的先验概率已知，且在 x 处的组密度可以估计时，属于某组的后验概率。设有 k 个组 G_1, G_2, $\cdots$, G_k，且组 G_i 的概率密度为 $f_i(x)$，样品 x 来自组 G_i 的先验概率为 p_i, i = 1, 2, $\cdots$, k，满足 $\sum_{i=1}^{k} p_i = 1$，那么根据贝叶斯理论，样品 x 属于组 G_i 的后验概率为：

$$p(G_i|x) = \frac{p_i f_i(x)}{\sum_{i=1}^{k} p_i f_i(x)} \tag{17-1}$$

如果假设每组内 p 维样品 x 分布为 p 元正态分布情况，则有：

$$G_i \sim N_p(\mu_i, \sum\nolimits_i), \quad i = 1, 2, \cdots, k \tag{17-2}$$

其中，μ_i 和 $\sum_i$ 分别是第 i 组的均值和协方差阵。此时，样品 x 来自组 G_i 的概率密度函数为：

$$f_i(x) = 2(\pi)^{-p/2} \left| \sum\nolimits_i \right|^{-1/2} \exp(-0.5 d_i^2(x, G_i)) \tag{17-3}$$

其中，$d_i^2(x, G_i) = (x - \mu_i)' \sum\nolimits_i^{-1} (x - \mu_i)$ 的几何意义为 x 到 i 组均值的平方距离。将式（17-3）代入式（17-1）可得：

$$p(G_i|x) = \frac{p_j \exp(-0.5d_i^2(x, \ G_i))\left|\sum_i\right|^{-1/2}}{\sum_{i=1}^k p_i \exp(-0.5d_i^2(x, \ G_i))\left|\sum_i\right|^{-1/2}}$$

$$= \frac{\exp(-0.5D_i^2(x, \ G_j))}{\sum_{i=1}^k \exp(-0.5D_i^2(x, \ G_i))} \tag{17-4}$$

其中，

$$D_i^2(x) = d_i^2(x) + g_i + h_i \tag{17-5}$$

为从样品 x 至第 i 组的广义平方距离。这里：

$$g_i = \begin{cases} \left|\log_e\left|\sum_i\right|\right| & \text{若各组协方差阵} \sum_i \text{不全相等} \\ 0 & \text{若各组协方差阵} \sum_i \text{全相等} \end{cases} \tag{17-6}$$

$$h_i = \begin{cases} -2\log_e|p_i| & \text{若各组先验概率} p_i \text{不全相等} \\ 0 & \text{若各组先验概率} p_i \text{全相等} \end{cases} \tag{17-7}$$

一个样品 x 判归于第 i 组，是因为样品 x 在这个 i 组得到的后验概率 $p(G_i|x)$ 为最大值，或者这个样品 x 至第 i 组的广义平方距离 $D_i^2(x)$ 为最小值。这种判别哪个样品归属于哪个组的判别准则称为最大后验概率准则。如果此最大后验概率小于指定的阈值（Threshold），则将样品 x 判归于除 k 组以外的其他组。

2. 线性判别分析

为简单起见，我们只考虑两个总体的情况。设有两个协方差 V 相同的正态总体 G_1 和 G_2，它们的分布分别是 $N(u_1, \ V)$ 和 $N(u_2, \ V)$。现在对于一个新的样品 y，我们要判断它来自哪个总体。

最直观的方法就是计算 y 到两个总体的距离 $d(y, \ G_1)$ 和 $d(y, \ G_2)$，并按下述规则判断：如果 $d(y, \ G_1) \leq d(y, \ G_2)$，则 $y \in G_1$；如果 $d(y, \ G_1) > d(y, \ G_2)$，则 $y \in G_2$。

那么关键的问题是这里的距离函数怎么选。多元统计分析中最著名的一个距离是由马哈拉诺比斯（Mahalanobis）提出的，习惯上称为马氏距离。即 y 到母体 G_i 距离定义为：

$$d(y, G_i) = (y - u_i)'V^{-1}(y - u_i) \tag{17-8}$$

那么，

$$d(y, G_1) - d(y, G_2) = -2(y - \frac{u_1 + u_2}{2})'V^{-1}(u_1 - u_2) \tag{17-9}$$

若令：

$$w(y) = (y - \frac{u_1 + u_2}{2})'V^{-1}(u_1 - u_2) \tag{17-10}$$

上述判别规则可写成：

当 $w(y) \geq 0$ 时，$y \in G_1$；当 $w(y) < 0$ 时，$y \in G_2$。

若 u_1、u_2 和 V 已知时，则 $w(y)$ 是 y 的线性函数，称为线性判别函数。

3. 非线性判别分析

如果协方差不同，即两个正态总体 G_1 和 G_2 分别服从 $N(u_1, V_1)$ 和 $N(u_2, V_2)$。现在对于一个新的样品 y，我们要判断它来自哪个总体。我们仍然按照样品至各母体的最近距离归类。即判别准则为：如果 $d(y, G_1) \leq d(y, G_2)$，则 $y \in G_1$；如果 $d(y, G_i) > d(y, G_2)$，则 $y \in G_2$。其中，

$$d(y, G_i) = (y - u_i)'V_i^{-1}(y - u_i) \quad i = 1, 2 \tag{17-11}$$

那么，

$$d(y, G_1) - d(y, G_2) = y'(V_1^{-1} - V_2^{-1})y - 2y'(V_1^{-1}u_1 - V_2^{-1}u_2) + u_1'V_1^{-1}u_1 - u_2'V_2^{-1}u_2 \tag{17-12}$$

这是一个二次项判别函数。这样判别准则就变为判断式（17-12）是取正还是取负的问题了。

可见当 $V_1 = V_2 = V$ 时，我们得到了线性判别函数，因此使用线性判别函数判别；当 $V_1 \neq V_2$ 时，我们得到了二次判别函数，因此使用二次判别函数判别。

一般情况下，我们并不知道两个总体的特征，即 u_1、u_2 和 V_1、V_2 是未知的，只有从两个总体抽取的样品，假设从两个总体各抽取了 n_1 和 n_2 个样品 $x_1, x_2, \cdots, x_{n_1}$；$y_1, y_2, \cdots, y_{n_2}$。使用线性判别函数还是二次判别函数进行判别分析取决于两个总体的方差。如果有 $V_1 = V_2 = V$，就利用线性判别函数进行判别分析，否则，就利用二次判别函数判别。这样检验 V_1 与 V_2 是否相等就极为重要了。假定：

原假设：H_0:$V_1 = V_2$

备选假设：H_1:$V_1 \neq V_2$

则检验统计量 M 为：

$$M = (n_1 + n_2 - 2)\ln\left|\frac{S}{n_1 + n_2 - 2}\right| - \sum_{i=1}^{2}(n_i - 1)\ln\left|\frac{S_i}{n_i - 1}\right| \qquad (17\text{-}13)$$

其中，S 为估计合并协方差阵，S_i 为第 i 组内的估计协方差阵。勃克斯指出 $(1 - d)M$ 近似服从自由度为 f 的卡方 χ^2 分布，其中，

$$f = p(p + 1)/2 \qquad (17\text{-}14)$$

$$d = \left(\frac{1}{n_1 - 1} + \frac{1}{n_2 - 1} - \frac{1}{n_1 + n_2 - 2}\right)\frac{2p^2 + 3p - 1}{6(p + 1)} \qquad (17\text{-}15)$$

如果有 $(1 - d)M \geqslant \chi_\alpha^2(p(p + 1)/2)$，则在显著性水平 α 的意义下，拒绝原假设 H_0，而接受备选假设 H_1；反之，如果有 $(1 - d)M < \chi_\alpha^2(p(p + 1)/2)$，则在显著性水平 α 的意义下，接受原假设 H_0。

在接受原假设 H_0 的情况下，使用式（17-16）的线性判别函数进行判别分析；线性判别函数 $w(y)$ 中的 u_1、u_2 和 V 可分别由其无偏估计值代替：

$$w(y) = (y - \frac{\bar{u}_1 + \bar{u}_2}{2})'\bar{V}^{-1}(\bar{u}_1 - \bar{u}_2) \qquad (17\text{-}16)$$

其中，

$$\bar{u}_1 = \frac{1}{n_1}\sum_{i=1}^{n_1} x_i \qquad (17\text{-}17)$$

$$\bar{u}_2 = \frac{1}{n_2}\sum_{i=1}^{n_2} y_i \qquad (17\text{-}18)$$

$$\bar{V} = \frac{1}{n_1 + n_2 - 2}\left[\sum_{i=1}^{n_1}(x_i - \bar{u}_1)(x_i - \bar{u}_1)' + \sum_{i=1}^{n_2}(y_i - \bar{u}_2)(y_i - \bar{u}_2)'\right] \qquad (17\text{-}19)$$

在接受假设 H_1 的情况下，使用二次判别函数进行判别分析；二次判别函数中的 u_1、u_2 和 V_1、V_2 可分别由其无偏估计值代替：

$$\bar{u}_1 = \frac{1}{n_1}\sum_{i=1}^{n_1} x_i \qquad (17\text{-}20)$$

$$\bar{u}_2 = \frac{1}{n_2} \sum_{i=1}^{n_2} y_i \tag{17-21}$$

$$\overline{V}_1 = \frac{1}{n_1 - 1} \sum_{i=1}^{n_1} (x_i - \bar{u}_1)(x_i - \bar{u}_1)' \tag{17-22}$$

$$\overline{V}_2 = \frac{1}{n_2 - 1} \sum_{i=1}^{n_2} (y_i - \bar{u}_2)(y_i - \bar{u}_2)' \tag{17-23}$$

其实，可以很容易把距离判别推广到多个总体的情形。

4. 多类判别

对于两类线性判别及非线性判别，都是求得一个判别函数，对于任一组样品（或待判别样品）将其代入判别函数，求得判别得分，再依判别分界点，而决定将其判属于哪一类。但是，许多实际问题所提出的可能是多类判别的问题。

设有 g 类（g > 2），每类中有 n_1，n_2，…，n_g 组样品，每组样品有 p 个指标，并记 $n = n_1 + n_2 + \cdots + n_k$。假设各组样品都是相互独立的正态随机变量，即

$$(X_{1i}^{(k)},\ X_{2i}^{(k)},\ \cdots,\ X_{pi}^{(k)}) \sim N(\mu^{(k)},\ \sum{}^{(k)}) \tag{17-24}$$

其中，$\mu^{(k)}$ 是第 k 类的 p 个变量的数学期望（向量），矩阵 $\sum^{(k)}$ 是相应于第 k 类的 p 个变量的协方差矩阵，假定这 g 个协方差矩阵是一样的，即 $\sum^{(1)} = \sum^{(2)} = \cdots = \sum^{(g)} = \sum$。我们要判别一组待判样品 $X = (X_1,\ X_2,\ \cdots,\ X_p)'$ 应属于 g 类中的哪一类。

与两类判别同理，计算 X 与各类的重心（平均向量）$\mu^{(k)}$ 之间的 Mahalanobis 距离为：

$$\Delta_{(k)}^2 = (X - \mu^{(k)})' \sum{}^{-1} (X - \mu^{(k)}),\ k = 1,\ 2,\ \cdots,\ g \tag{17-25}$$

若有 $\Delta_{(j)}^2$ 为最小，则判定 X 属于第 j 类。这里均值向量 $\mu^{(k)}$ 的估计式为：

$$\overline{X}^{(k)} = \frac{1}{n_k} \sum_{i=1}^{n_k} X_i^{(k)} \tag{17-26}$$

协方差矩阵 $\sum$ 的估计为：

$$S = \frac{1}{n-g}\sum_{k=1}^{g}\sum_{i=1}^{n_i}(X_i^{(k)} - \overline{X})(X_i^{(k)} - \overline{X})' \tag{17-27}$$

其中，$\overline{X} = \frac{1}{n}\sum_{k=1}^{g}\sum_{i=1}^{n_k}X_i^{(k)}$，则距离 $\Delta_{(k)}^2$ 的估计就可以表示为：

$$d_k(X) = (X - \overline{X}^{(k)})'S^{-1}(X - \overline{X}^{(k)}) \tag{17-28}$$

判别准则：对于任一组待判样品 X，利用式 (17-28) 计算 d_k (X)，k=1，2，…，g，记：

$$d_j(X) = \min\{d_1(X),\ d_2(X),\ \cdots,\ d_g(X)\} \tag{17-29}$$

若 $d_j(X)$ 为最小，则判别样品 X 属于第 j 类。

有两点值得注意：①我们这里的判别函数和判别规则并没有涉及分布的类型，只要二阶矩存在就可以了；②这种判别规则符合习惯，但不可能完全判别准确，会发生误判。

5. 误判的概率

下面仍以正态总体为例简单讨论一下误判的概率。协方差相同的两个正态总体 G_1 和 G_2 的分布分别是 $N(u_1,\ V)$ 和 $N(u_2,\ V)$。如果某样品 X 来自 G_1，但是却在 $\overline{u} = \frac{u_1+u_2}{2}$ 的右边，那么根据判别函数 $w(y) = (y - \frac{u_1+u_2}{2})'V^{-1}(u_1-u_2)$ 和判别规则将判断它来自 G_2，这时就发生了误判。如图 17-1 所示。

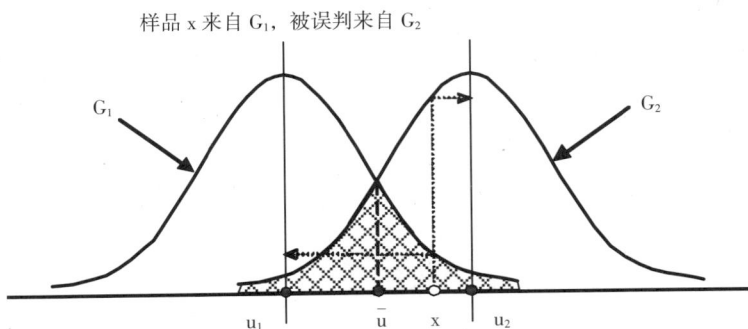

图 17-1　二类判别误判概率

所谓误判概率的问题是：定义误判概率 P_1、P_2，P_1 表示原是第一类的样品，而误判为第二类的概率；P_2 表示原是第二类的样品，而误判为第一类的概率。

误判概率为图中阴影部分的面积。它们为：

$$P_1 = 1 - \Phi(\bar{u}, u_1, V) = P_2 = \Phi(\bar{u}, u_2, V) \tag{17-30}$$

这里 Φ 是正态分布的累积分布函数。

如果利用以上判别准则，对全部 n_1+n_2 组样品进行判别，即第一类中的样品，而被判入第二类的有 m_1 个；第二类的而被判入第一类的有 m_2 个，则误判概率可表示为：

$$P_1 = m_1/n_1, \quad P_2 = m_2/n_2 \tag{17-31}$$

（二）Fisher 线性函数判别

在分类判别问题中，关键问题之一是寻找一个合适的判别函数。如果判别函数比较复杂，那么在实际使用中就非常不方便，为方便起见，有时寻找在某种意义下为最优的线性判别函数。在判别分析中，Fisher 准则下的线性判别函数就是一个只要利用总体的一、二阶矩就可求得的判别函数。

设我们观察到的资料为一个 p 维向量 $x = (x_1, x_2, \cdots, x_p)'$。设 x_{ijk} 代表第 i 组（$i=1, 2, \cdots, r$）中的第 j 个特征（$j=1, 2, \cdots, p$）的第 k 个观察值（$k = 1, 2, \cdots, n_i$）。因此，（$x_{i1k}, x_{i2k}, \cdots, x_{ipk}$）便相当于第 i 组里面的第 k 个观察所测到的 p 个特性。同样，我们以两个总体为例来介绍 Fisher 准则下的线性判别函数，即 $r = 2$。

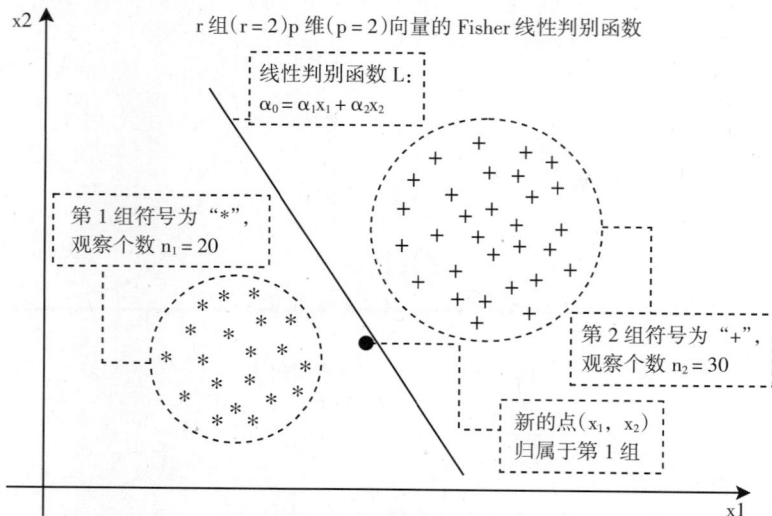

图 17-2 Fisher 线性判别分析示意图

如图 17-2 所示为 r = 2，p = 2 的情况，它是仅有两组且每组只有两个特性的简单情况，可以在平面上示意出来。符号"*"代表一组，而符号"+"则代表另一组。一个简单的想法是：我们不妨在这个平面上画一条直线 L，能将两组尽可能地分开，一组为这条直线的这一边，另一组为这条直线的另一边。若有一个新来的点 z = (z₁, z₂, …, zₚ)，我们就将 Z 点画在图上，看它是靠近"*"号近一些还是靠近"+"号近一些。如果我们找到了一条最具有鉴别力的直线 L，我们只需要看这个新来的 z 点在这条直线 L 的这一边还是在另一边即可判别归于哪一个组。这其实就是 Fisher 线性判别分析的主要思想。其中的技术部分，则是找出一个最具有鉴别力的线性判别函数。如果 p > 2，则我们便可得到一个如下的线性方程式：

$$a_0 = a_1x_1 + a_2x_2 + \cdots + a_px_p \tag{17-32}$$

问题的关键是如何找出这个最具有鉴别力的线性判别函数。显然，我们需要通过已经观察到的资料来训练出这个有鉴别力的线性判别函数。设 $a' = (a_1, a_2, \cdots, a_p)$，则 y = a'x。将每个观察到的资料代入线性函数中得到变量 y 值：

$$y_{ik} = a_1x_{i1k} + a_2x_{i2k} + \cdots + a_px_{ipk} \tag{17-33}$$

从本质上说，这是将 p 维数据投影到某个具体方向 a 上。因此，一条第 i 组第 k 个的 p 维观察数据变成了一个投影点 y_{ik} 数据。我们考虑所有数据点 y_{ik} 的总变异之和（方差）：

$$SST = \sum_{i=1}^{r} \sum_{k=1}^{n_i} (y_{ik} - \bar{y})^2 \tag{17-34}$$

其中，$\bar{y}$ 为所有 r 组的总均值，即 $\bar{y} = a'\bar{x}$。对 SST 进行方差的平方和分解，分成组内方差 SSE 和组间方差 SSR，如下：

$$SST = \sum_{i=1}^{r} \sum_{k=1}^{n_i} (y_{ik} - \bar{y_i})^2 + \sum_{i=1}^{r} n_i(\bar{y_i} - \bar{y})^2$$
$$= SSE + SSR \tag{17-35}$$

其中，$\bar{y_i}$ 表示第 i 组的均值，即 $\bar{y_i} = a'\bar{x_i}$，称为组内均值。组间方差 SSR 代表了系统因素引起的变异，而组内方差 SSE 代表了随机因素引起的变异。因此，我们应该选那个 α，要能够使得：

$$\frac{SSR}{SSE} = \frac{\sum_{i=1}^{r} n_i(\bar{y}_i - \bar{y})^2}{\sum_{i=1}^{r} \sum_{k=1}^{n_i} (y_{ik} - \bar{y}_i)^2} = \frac{\sum_{i=1}^{r} n_i(a'\bar{x}_i - a'\bar{x})^2}{\sum_{i=1}^{r} a'V_i a} \tag{17-36}$$

达到最大。其中，$\bar{x}_i$ 为第 i 组的均值，$\bar{x}$ 为所有组的均值，V_i 为第 i 组的协方差矩阵。即表示组与组之间系统因素引起的变异 SSR 比组内随机因素引起的变异 SSE 达到了最大值，此时才能使不同组之间的鉴别力达到最大。

下面我们看如何求出判别函数 y = a'x 中的系数 a 来。同样，我们仍以两个总体为例来求解系数 a。设两个总体的均值分别为 u_1 和 u_2，协方差阵分别为 V_1 和 V_2。由式（17-36）可得：

$$\frac{\frac{1}{2} a'(u_1 - u_2)'(u_1 - u_2)a}{a'(V_1 + V_2)a} = \max \tag{17-37}$$

事实上，我们只要考虑 k 的一个二次型：

$$a'(V_1 + V_2)a - 2ka'(u_1 - u_2)'(u_1 - u_2)a + k^2(u_1 - u_2)'(V_1 + V_2)^{-1}(u_1 - u_2)$$

$$= \left[(V_1 + V_2)^{\frac{1}{2}} a - k(V_1 + V_2)^{\frac{1}{2}} (u_1 - u_2) \right]' \left[(V_1 + V_2)^{\frac{1}{2}} a - k(V_1 + V_2)^{\frac{1}{2}} (u_1 - u_2) \right]$$

$$\geq 0 \tag{17-38}$$

因此，

$$4a'(u_1 - u_2)'(u_1 - u_2)a \leq 4a'(V_1 + V_2)a(u_1 - u_2)'(V_1 + V_2)^{-1}(u_1 - u_2) \tag{17-39}$$

当且仅当 $a = k(V_1 + V_2)^{-1}(u_1 - u_2)$ 时，等号成立。那么，

$$\frac{a'(u_1 - u_2)'(u_1 - u_2)a}{a'(V_1 + V_2)a} \leq (u_1 - u_2)'(V_1 + V_2)^{-1}(u_1 - u_2) \tag{17-40}$$

当且仅当 $a = k(V_1 + V_2)^{-1}(u_1 - u_2)$，达到最大值为：

$$\frac{1}{2}(u_1 - u_2)'(V_1 + V_2)^{-1}(u_1 - u_2) \tag{17-41}$$

由于 k 为任意实数，可令 k = 1。这样我们求得的判别函数为：

$$y = (V_1 + V_2)^{-1}(u_1 - u_2)x \tag{17-42}$$

给出判别函数以后，我们还要给出判别准则。取各总体均值的加权平均为比较值，即，

$$\bar{u} = (V_1 + V_2)^{-1}(V_1 u_1 + V_2 u_2) \tag{17-43}$$

相应地划分为：

$$D_1 = \{y : (V_1 + V_2)^{-1}(u_1 - u_2)(y - \bar{u}) \geq 0\}$$

$$D_2 = \{y : (V_1 + V_2)^{-1}(u_1 - u_2)(y - \bar{u}) < 0\} \tag{17-44}$$

如果不知道两个总体的特征，即 u_i 和 V_i 未知，只知道从两个总体各抽取了 n_1 和 n_2 个样品，那么线性判别函数中的 u_i 和 V_i 可分别由其无偏估计值代替：

$$y = (\bar{V}_1 + \bar{V}_2)^{-1}(\bar{u}_1 - \bar{u}_2)x \tag{17-45}$$

其中，

$$\bar{u}_1 = \frac{1}{n_1} \sum_{k=1}^{n_1} y_{1k} \tag{17-46}$$

$$\bar{u}_2 = \frac{1}{n_2} \sum_{k=1}^{n_2} y_{2k} \tag{17-47}$$

$$\bar{V}_1 = \frac{1}{n_1 - 1} \sum_{k=1}^{n_1} (y_{1k} - \bar{u}_1)(y_{1k} - \bar{u}_1)' \tag{17-48}$$

$$\bar{V}_2 = \frac{1}{n_2 - 1} \sum_{k=1}^{n_2} (y_{2k} - \bar{u}_2)(y_{2k} - \bar{u}_2)' \tag{17-49}$$

相应的判别准则为：取

$$\bar{u} = (\bar{V}_1 + \bar{V}_2)^{-1}(\bar{V}_1\bar{u}_1 + \bar{V}_2\bar{u}_2) \tag{17-50}$$

相应的划分为：

$$D_1 = \{y : (\bar{V}_1 + \bar{V}_2)^{-1}(\bar{u}_1 - \bar{u}_2)(y - \bar{u}) \geq 0\}$$

$$D_2 = \{y : (\bar{V}_1 + \bar{V}_2)^{-1}(\bar{u}_1 - \bar{u}_2)(y - \bar{u}) < 0\} \tag{17-51}$$

同样，也可以把 Fisher 线性函数判别推广到多个总体的情形，就是典型判别分析（Canonical Discriminant Analysis）。

本章小结

判别分析方法首先根据已知所属组的样本给出判别函数，并制定判别规则，然后再判断每一个新样本应属于哪一组。常用的判别方法有距离判别、贝叶斯判别、典型判别等。

从马氏距离的角度来看 T^2 统计量是很直观的。如欲检验假设 $H_0 : \mu = \mu_0$，则检验的结果取决于样本均值 $\bar{x}$ 到总体 $N_p(\mu_0, \sum)$ 的平方马氏距离，这个距离越小，越倾向于接受假设 H_0；反之，这个距离越大，就越倾向于拒绝 H_0。

判别分析中各种误判的后果允许看作是相同的，而在假设检验中，犯两类错误的后果一般是不同的，通常将犯第一类错误的后果看得更严重些。

第十八章 因子分析模型

一、因子分析基础知识

（一）因子分析概述

因子分析（Factor Analysis）是主成分分析的推广，也是从研究相关矩阵内部的依赖关系出发，把一些具有错综复杂关系的变量归结为少数几个综合因子的一种多变量统计分析方法。具体地说，就是要找出某个问题中可直接测量的、具有一定相关性的诸指标，如何受少数几个在专业中有意义，又不可直接测量到且相对对立的因子支配的规律，从而可用诸指标的测定来间接确定诸因子的状态。

（二）因子分析原理

因子分析的目的是用有限个不可观察的潜在变量来解释原变量间的相关性或协方差关系。在这里我们把不可观察的潜在变量称为公共因子（Common Factor）。

二、因子分析方法

在研究样品时，每个样品需要检测很多指标，假设测得 p 个指标，但是这 p 个指标可能受到 m（m < p）个共同因素的影响，再加上其他对这些指标有影响的因素。写成数学公式的形式就是：

$$\begin{cases} X_1 = a_{11}f_1 + a_{12}f_2 + \cdots + a_{1m}f_m + e_1 \\ X_2 = a_{21}f_1 + a_{22}f_2 + \cdots + a_{2m}f_m + e_2 \\ \qquad\qquad \cdots \\ X_p = a_{p1}f_1 + a_{p2}f_2 + \cdots + a_{pm}f_m + e_p \end{cases} \tag{18-1}$$

利用矩阵记号有：

$$X = Af + e \tag{18-2}$$

各个指标变量都受到 f_i 的影响，因此 f_i 称为公共因子，A 称为因子载荷矩阵，e_i 是单变量 X_i 所特有的因子，称为 X_i 的特殊因子（Unique Factor）。设 f_1，f_2，$\cdots$，f_m 分别是均值为 0，方差为 1 的随机变量，即 $D(f) = I_m$；特殊因子 e_1，e_2，$\cdots$，e_p 分别是均值为 0，方差为 d_1^2，d_2^2，$\cdots$，d_p^2 的随机变量，即 $D(e) =$ diag $(d_1^2, d_2^2, \cdots, d_p^2) = D$；各特殊因子之间及特殊因子与公共因子之间都是相互独立的，即 $Cov(e_i, e_j) = 0$，$i \neq j$ 及 $Cov(e, f) = 0$。a_{ji} 变量在第 i 个公共因子上的负荷，从投影的角度看，a_{ji} 就是 X_j 在坐标轴 f_j 上的投影。

主成分分析的目标是降维，而因子分析的目标是找出公共因素及特有的因素，即公共因子与特殊因子。在主成分分析中，残差通常是彼此相关的。在公因子分析中，特殊因子起到残差的作用，但被定义为彼此不相关且和公因子也不相关。而且每个公因子假定至少对两个变量有贡献，否则它将是一个特殊因子。在开始提取公因子时，为了简便还假定公因子彼此不相关且具有单位方差。在这种情况下，向量 X 的协方差矩阵 Σ 可以表示为：

$$\sum = D(X) = D(AF + e) = AA' + D \tag{18-3}$$

这里 $D=\mathrm{diag}\ (d_1^2,\ d_2^2,\ \cdots,\ d_p^2)$，diag 表示对角矩阵。如果假定已将 X 标准化，也就是 X 的每一个分量 X_i 的均值都为 0，方差都是 1，即 $D(X_i) = 1$，那么：

$$\begin{cases} X_i = a_{i1}f_1 + a_{i2}f_2 + \cdots + a_{im}f_m + e_i \\ 1 = \mathrm{Var}(X_i) = \sum_{j=1}^{m} a_{ij}^2 + d_i^2 \end{cases} \tag{18-4}$$

如 $h_i^2 = \sum_{j=1}^{m} a_{ij}^2$，则有：

$$1 = h_i^2 + d_i^2,\ i = 1,\ 2,\ \cdots,\ p \tag{18-5}$$

a_{i1}，$i = 1,\ 2,\ \cdots,\ m$ 反映了公共因子 f 对 X_i 的影响，称为公共因子 f 对 X_i 的"贡献"。h_i^2 实际反映了变量 X_i 对公共因子 f 的依赖程度。

另一方面，还可以考虑指定的一个公共因子 f_i 对各个变量 X_i 的影响。实际上，f_j 对各个变量 X_i 的影响可由 A 中第 j 列的元素来描述，那么：

$$g_j^2 = \sum_{i=1}^{p} a_{ij}^2 \tag{18-6}$$

称为公共因子 f_j 对 X 的"贡献"。显然 g_j^2 越大，f_j 对 X 的影响就越大，g_j^2 成为衡量因子重要性的一个尺度。实际上：

$$\mathrm{Cov}(X_i,\ f_j) = \sum_{k=1}^{m} a_{ik}\mathrm{Cov}(f_k,\ f_j) + \mathrm{Cov}(e_i,\ f_j) = a_{ij} \tag{18-7}$$

下面我们来看怎样求解因子载荷矩阵 A。

（一）因子载荷矩阵的求解

如果已知 X 协方差矩阵 $\sum$ 和 D，可以很容易地求出 A。有：

$$\sum - D = AA' \tag{18-8}$$

记 $\sum{}^{*} = \sum - D$，则 $\sum{}^{*}$ 是非负定矩阵。若记矩阵 $\sum{}^{*}$ 的 p 个特征值 $\lambda_1 \geq \lambda_2 \geq \cdots \geq \lambda_m > \lambda_{m+1} = \cdots = \lambda_p = 0$，且 m 个非零特征值所对应的特征向量分别为 γ_1，γ_2，$\cdots$，γ_m，则 $\sum{}^{*}$ 的谱分解式为：

$$
\begin{aligned}
\sum{}^{*} &= \lambda_1\gamma_1\gamma_1' + \lambda_2\gamma_2\gamma_2' + \cdots + \lambda_m\gamma_m\gamma_m' \\
&= \left(\sqrt{\lambda_1}\,\gamma_1, \ \sqrt{\lambda_2}\,\gamma_2, \ \cdots, \ \sqrt{\lambda_m}\,\gamma_m\right)\left(\sqrt{\lambda_1}\,\gamma_1, \ \sqrt{\lambda_2}\,\gamma_2, \ \cdots, \ \sqrt{\lambda_m}\,\gamma_m\right)'
\end{aligned}
\tag{18-9}
$$

只要令：

$$A = \left(\sqrt{\lambda_1}\,\gamma_1, \ \sqrt{\lambda_2}\,\gamma_2, \ \cdots, \ \sqrt{\lambda_m}\,\gamma_m\right) \tag{18-10}$$

就可以求出因子载荷矩阵 A。

但在实际问题中，我们并不知道 $\sum$、D，即不知道 $\sum{}^{*}$，已知的只是 n 个样品，每个样品测得 p 个指标，共有 np 个数据。为了建立公因子模型，首先要估计因子载荷和特殊因子方差 d_i^2。常用的参数估计方法有以下三种：主成分法、主因子解法和极大似然法。

1. 主成分法

主成分法求因子载荷矩阵 A 的具体求法如下：首先从资料矩阵出发求出样品的协方差矩阵，记之为 $\hat{\sum}$，其特征值为 $\lambda_1 \geq \lambda_2 \geq \cdots \geq \lambda_p \geq 0$，相应单位正交特征向量为 γ_1，γ_2，$\cdots$，γ_p，当最后 p－m 个特征值较小时，则对 $\hat{\sum}$ 进行谱分解可以近似为：

$$\hat{\sum} = \lambda_1\gamma_1\gamma_1' + \lambda_2\gamma_2\gamma_2' + \cdots + \lambda_m\gamma_m\gamma_m' + D \tag{18-11}$$

其中，$\lambda_1 \geq \lambda_2 \geq \cdots \geq \lambda_m > 0$ 是协方差矩阵 $\hat{\sum}$ 相应的前 m 个较大特征值。先取 $a_1 = \sqrt{\lambda_1}\,\gamma_1$，然后看 $\hat{\sum} - a_1a_1'$ 是否接近对角阵。如果接近对角阵，说明公共因子只要取一个就行了，所有指标主要受到这一个公共因子的影响；如果 $\hat{\sum} - a_1a_1'$ 不

是近似对角阵，就取 $a_2 = \sqrt{\lambda_2}\,\gamma_2$，然后看 $\hat{\sum} - a_1a_1' - a_2a_2'$ 是否接近对角阵，如果接近对角阵，就取两个公共因子；否则再取 $a_3 = \sqrt{\lambda_3}\,\gamma_3$，…，直到满足"要求"为止。这里的"要求"要视具体情况而定，一般而言，就像主成分分析一样，直接取前 q 个特征值和特征向量，使得它们的特征值之和占全部特征值之和的 85%以上即可。此时，特殊因子方差 $d_i^2 = \hat{\sum}_{ii} - \sum\limits_{t=1}^{q} a_{ii}^2$，$i = 1, 2, \cdots, p$。

2. 主因子解法

主因子解法是主成分法的一种修正，它是从资料矩阵出发求出样品的相关矩阵 R，设 $R = AA' + D$，则 $R - D = AA'$。如果我们已知特殊因子方差的初始估计 $(\hat{d}_i^*)^2$，也就是已知了先验公因子方差的估计为 $(\hat{h}_i^*)^2 = 1 - (\hat{d}_i^*)^2$，则约相关阵 $R^* = R - D$ 为：

$$R^* = \begin{bmatrix} (\hat{h}_1^*)^2 & r_{12} & \cdots & r_{1p} \\ r_{21} & (\hat{h}_2^*)^2 & \cdots & r_{2p} \\ \vdots & \vdots & \vdots & \vdots \\ r_{p1} & r_{p2} & \cdots & (\hat{h}_p^*)^2 \end{bmatrix} \tag{18-12}$$

计算 R^* 的特征值和特征向量，取前 m 个正特征值 $\lambda_1^* \geqslant \lambda_2^* \geqslant \cdots \geqslant \lambda_m^* \geqslant 0$ 及相应特征向量为 $\gamma_1^*, \gamma_2^*, \cdots, \gamma_m^*$，则有近似分解式：

$$R^* = AA' \tag{18-13}$$

其中，$A = (\sqrt{\lambda_1^*}\,\gamma_1^*, \sqrt{\lambda_2^*}\,\gamma_2^*, \cdots, \sqrt{\lambda_m^*}\,\gamma_m^*)$，令 $\hat{d}_i^2 = 1 - \sum\limits_{t=1}^{m} a_{ti}^2$，$i = 1, 2, \cdots,$ p，则 A 和 $D^* = \mathrm{diag}(\hat{d}_1^2, \hat{d}_2^2, \cdots, \hat{d}_p^2)$ 为因子模型的一个解，这个解就称为主因子解。

上面的计算是我们假设已知特殊因子方差的初始估计 $(\hat{d}_i^*)^2$，那么特殊因子方差的初始估计值如何得到呢？由于在实际中特殊因子方差 d_i^2（或公因子方差 h_i^2）是未知的。以上得到的解是近似解。为了得到近似程度更好的解，常常采用迭代主因子法。即利用上面得到的 $D^* = diag(\hat{d}_1^2, \hat{d}_2^2, \cdots, \hat{d}_p^2)$ 作为特殊方差的初始估计，重复上述步骤，直到解稳定为止。

公因子方差（或称变量的共同度）常用的初始估计有下面三种方法：

（1）h_i^2 取为第 i 个变量与其他所有变量的多重相关系数的平方（或者取 $d_i^2 = 1/r^{ii}$，其中 r^{ii} 是相关矩阵 R 的可逆矩阵 R^{-1} 的对角元素，则 $h_i^2 = 1 - d_i^2$）。

（2）h_i^2 取为第 i 个变量与其他所有变量相关系数绝对值的最大值。

（3）取 $h_i^2 = 1$，它等价于主成分解。

3. 极大似然法

假定公共因子 f 和特殊因子 e 服从正态分布，那么我们可得到因子载荷阵和特殊方差的极大似然估计。设 p 维的 n 个观察向量 $x_{(1)}, x_{(2)}, \cdots, x_{(n)}$ 为来自正态总体 $N_p(\mu, \sum)$ 的随机样本，则样本似然函数为 μ 和 $\sum$ 的函数 $L(\mu, \sum)$。设 $\sum = AA' + D$，取 $\mu = \bar{x}$，对于一组确定的随机样本，μ 已经变成了确定已知的值，则似然函数 $L(\mu, \sum)$ 可以转换为 A 和 D 的函数 $\varphi(A, D)$。接下来就可以求 A 和 D 取什么值，函数 $\varphi(A, D)$ 能达到最大。为了保证得到唯一解，可以附加唯一性条件 $A'D^{-1}A =$ 对角阵，再用迭代方法可求得极大似然估计的 A 和 D 的值。

（二）因子旋转

因子模型被估计后，还必须对得到的公因子 f 进行解释。进行解释通常意味着对每个公共因子给出一种意义明确的名称，它用来反映在预测每个可观察变量中这个公因子的重要性，这个公因子的重要程度就是在因子模型矩阵中相应于这个因子的系数，显然这个因子的系数绝对值越大越重要，而接近 0 则表示对可观察变量没有什么影响。因子解释是一种主观的方法，有时候，通过旋转公因子可以减少这种主观性，也就是要使用非特异的线性变换。

设 p 维可观察变量 X 满足因子模型 $X = Af + e$。设 Γ 是任一正交阵，则因子模型可改写为：

$$X = A\Gamma\Gamma'f + e \hat{=} A^*f^* + e \tag{18-14}$$

其中，$A^* = A\Gamma$，$f^* = \Gamma'f$。

根据我们前面假定：每个公因子的均值为 0，即 $E(f) = 0$，每个公因子的方差为 1，即 $D(f) = I$，各特殊因子之间及特殊因子与公共因子之间都是相互独立的，即 $Cov(e_i, e_j) = 0$，$i \neq j$ 及 $Cov(e, f) = 0$。可以证明：

$$E(f^*) = E(\Gamma'f) = \Gamma'E(f) = 0 \tag{18-15}$$

$$D(f^*) = D(\Gamma'f) = \Gamma'D(f)\Gamma = \Gamma'I\Gamma = I \tag{18-16}$$

$$Cov(e, f^*) = Cov(e, \Gamma'f) = \Gamma'Cov(e, f) = 0 \tag{18-17}$$

$$D(X) = D(A^*f^* + e) = D(A^*f^*) + D(e) = A^*(A^*)' + D \tag{18-18}$$

因此，$X = AA' + D = A^*(A^*)' + D$。这说明，若 A 和 D 是一个因子解，任给正交阵 Γ，$A^* = A\Gamma$ 和 D 也是因子解。由于正交阵 Γ 是任给的，所以因子解不是唯一的。在实际工作中，为了使载荷矩阵有更好的实际意义，在求出因子载荷矩阵 A 后，再右乘一个正交阵 Γ，这样就变换了因子载荷矩阵，这种方法称为因子轴的正交旋转。

我们知道，一个所有系数接近 0 或 ±1 的旋转模型矩阵比系数距离为 0 与 ±1 之间的模型容易解释。因此，大多数旋转方法都是试图最优化模型矩阵的函数。在初始因子提取后，这些公因子是互不相关的。如果这些因子用正交变换（Orthogonal Transformation）进行旋转，旋转后的因子也是不相关的。如果因子用斜交变换（Oblique Transformation）进行旋转，则旋转后的因子变为相关的。但斜交旋转常常产生比正交旋转更有用的模型。

旋转一组因子并不能改变这些因子的统计解释能力。如果两种旋转模型导出不同的解释，这两种解释不能认为是矛盾的。倒不如说，是看待相同事物的两种不同方法。从统计观点看，不能说一些旋转比另一些旋转好。在统计意义上，所有旋转都是一样的。因此在不同的旋转之间进行选择必须根据非统计观点。在多数应用中，我们选择最容易解释的旋转模型。

本章小结

（1）因子分析是主成分分析的推广，它也是一种降维技术，其目的是用有限个不可观测的隐变量来解释原始变量之间的相关关系。

（2）因子模型在形式上与线性回归模型很相似，但两者有着本质的区别：回归模型中的自变量是可观测到的，而因子模型中的各公因子是不可观测的隐变量。而且，两个模型的参数意义很不相同。

（3）因子载荷矩阵不是唯一的，利用这一点通过因子的旋转，可以使得旋转后的因子有更鲜明的实际意义。

因子载荷矩阵的元素及一些元素组合有很明确的统计意义。

（4）因子模型中常用的参数估计方法主要有主成分法、主因子法和极大似然法。

（5）在实际应用中，常从相关矩阵 R 出发进行因子模型分析。

常用的因子得分估计方法有巴特莱特因子得分和汤姆森因子得分两种方法。

结　束　语

　　金融数据分析领域百花齐放，国内较好的研究者有丁鹏，国外的就是广为人知的西蒙斯了，传统领域的方法被逐一运用到金融分析领域，并且也得到了很好的研究成果，不断地在激发着人们继续对该领域更深层次的挖掘。值得注意的是，在本书最开始的时候我们有所讲到，如果要做真实的研究，必须要有真实的数据，一般数据源的获取都会花费很多时间，但是在这一块儿浪费太多时间往往是不值得的，这里强烈推荐使用国泰安自主研发的专业的 CSMAR 数据库，可以提供最及时最全面的数据，希望能为您解决数据获取的困扰。

附录一　走进国泰安

GTA　国泰安

以推动中国教育的实质性改革为企业使命
以回归以人为本的教育根本理念为奋斗目标
培养人的独立思想、独立人格、创新思维
因人施教，突破应试教育对人们头脑的束缚
开启中华民族创新的源泉
培养"独立、发展、创造、社会"的现代中国人

正诚爱
正：正直、正派、公正
诚：诚实、诚信、真诚、坦诚
爱：友爱、爱心、爱护

激情／踏实

创新／超越　　卓越

企业文化

正：正直、正派、公正

诚：诚实、诚信、真诚、坦诚

爱：爱家人、爱同事、爱团队、爱企业、爱社会、爱国家

激情：有激情才有事业，有激情才有效率，有激情才有生命的活力

踏实：做事情扎扎实实，脚踏实地，吃苦耐劳，不患得患失，有耐性韧性

创新：机制创新、销售创新、管理创新、技术创新，要善于学习、思考、借鉴

超越：认识自身优势、长处、缺点和不足，尽量克服人性弱点，不断超越自我

卓越：每位员工、每件产品、每次服务、每项管理，创造整个集体的卓越

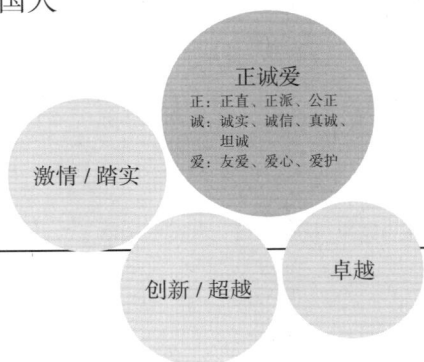

公司简介

深圳国泰安教育技术股份有限公司（以下简称为"国泰安"或"公司"）是一家致力于为高等教育、职业教育、基础教育等各类教育机构及金融机构提供专业建设咨询、一流产品服务、整体解决方案的高科技集团公司。

公司诞生于2000年，以财经学术研究数据库建设起步，现已发展成为中国教育与中国高端金融信息领域最为专业、极具规模、技术领先的综合解决方案与一体化产品服务提供商，是国家级高新技术企业、国家规划布局内重点软件企业。

公司的产品与服务主要包括：为高等教育、职业教育、基础教育领域提供教研、教学、管理、资源、实验及增值服务全方位支持的"易"系列教育服务、涵盖中国证券、期货、外汇、宏观、行业等领域的"元"系列精准数据服务以及为金融机构提供全套量化投资服务方案的"宽"系列金融服务，对推动我国教育创新及金融创新做出了较大的贡献。

70多个事业部70余个学科专业的丰富产品线

国泰安产品管理委员会拥有一支系统、专业的教育产品事业部体系，为包括高校、高职、中职、基础教育领域的70余个专业和学科提供教学综合解决方案，涵盖金融财会、商贸管理、创业就业、物流会展、信息技术、工程制造、基础建设等专业，并得到学校的高度认可和广泛应用。同时，公司还在不断整合国内外优质教育资源，进一步丰富产品线，满足学校更多专业需求，为用户提供更多优秀的教学综合解决方案。

国泰安产品线涵盖的专业和学科（部分）			
金融、银行、保险专业	财会、审计、税务专业	文秘专业	市场营销专业
电子商务专业	物流专业	汽车运用与维护专业	机械工程专业
机电一体化专业	电气自动化专业	新能源专业	计算机网络技术专业
旅游、酒店管理专业	动画设计与制作专业	护理专业	家政服务与管理专业
健康卫生专业	服装专业	农林牧渔类专业	学前教育专业
更多……			

覆盖全国 50 余个城市、20 多个国家的服务网络

国泰安公司总部位于科技之都——深圳，背靠国际经济、金融、贸易中心——香港，并在北京、上海、广州、重庆、香港等 50 多个城市设有分公司或办事处，形成通达全国的服务网络。同时，国泰安业务已拓展到韩国、日本、新加坡、美国、澳大利亚、中国香港、中国台湾等 20 多个国家和地区，为全球 3000 多家教育机构、研究机构、金融机构客户提供创新服务。

顶尖的国际人才与合作伙伴团队

国泰安公司现拥有 4000 多位优秀员工，研发人员以及技术工程师占公司人数 60%。毕业于美国宾夕法尼亚大学、得克萨斯州立大学、香港理工大学、北京大学、清华大学等海内外名校的博士、硕士及海外留学人员超过 600 余人。

100 多位来自普林斯顿大学、香港大学、北京大学、清华大学、上海交大等国内外著名大学教授、权威学者组成国泰安顾问团队。30 余家海内外学术、业界翘楚（包括美国沃顿商学院、香港大学、日本 QUICK、韩国 EBSCO）与国泰安达成长期合作伙伴关系。

雄厚的技术研发实力和权威荣誉资质

国泰安公司近 5 年研发投入 3 亿元以上，研发实力在行业内独占鳌头。截至现今公司已拥有近 260 多项自主创新产品专利和著作权产品，且数量仍在倍增。2012 年广东省电子信息（软件）自主创新产品认证的 71 个项目，国泰安独占 3 席。国泰安金融实验室与华为、大族激光等知名企业喜获深圳市重点自主创新产品殊荣。公司已通过 CMMI 三级认证、ISO 9001：2008 质量认证。

国际领先的教学综合解决理念

国泰安在国内率先引进欧美国家先进的教学理念，并结合中国实际探索出一套系统、先进的教学综合解决方案，将传统的实验室建设提升为融"实验室建设、校企共建、资源共享、品牌提升"为一体的综合解决方案，确保每一次项目的完成均是一份完美的答卷。

丰富的教学综合方案建设经验

目前，公司已经为美国、英国、法国、澳大利亚、日本、新加坡等 20 多个国家和地区的 3000 余家客户提供了卓越的产品与服务。在中国，为北京大学、

清华大学、上海交大、厦门大学等知名高校和北京电子科技职业学院、深圳职业技术学院、厦门城市职业学院等职校提供综合实验解决方案，积累了丰富的建设经验，可为用户提供从实验室设计运营、教学资源建设、师资队伍培养、专业合作共建等全方位的服务和支持。

全面、深度、长期的创新性增值服务

国泰安在行业内独家创新推出极受客户认可的丰富全面、周密精深、专属定制、面向未来的增值服务。依托国泰安四大专业服务中心：实验软件设备设计制造中心、职业教育实验服务中心、学生创业就业服务中心、校企合作服务中心，向客户提供包括专业共建、合作办学，科研、课题、论文学术合作，校际专业交流、资源共享，合作举办大型学术论坛、行业峰会，建立产学研校企合作联盟，学校品牌战略建设等增值服务，与客户一同打造品牌化、特色化的区域、国家乃至国际教育标杆。

读者可访问国泰安公司主页 http://www.gtafe.com 获取更多详情。

附录二　CSMAR 经济金融研究数据库简介

一、CSMAR 经济金融研究数据库简介

构建符合研究需求的数据库，是开展实证学术研究的先决条件。国泰安 CSMAR 经济金融研究数据库从学术研究的需求出发，强调数据的精度、可比性和延续性，大大降低了研究成本，提高了研究效率，开拓了研究思路。CSMAR 经济金融研究数据库涵盖了股票市场、公司、基金、债券、衍生市场、经济、行业、货币市场、海外、板块、市场资讯、专题、高频、科技金融、数据定制区 15 个研究系列的 2000 多张表格、上万个指标、近 4 万个字段，是市场上最全面的经济金融研究数据库。

二、国际标准

（一）金融数据建模

结构设计借鉴芝加哥大学 CRSP、标准普尔 Compustat、纽约交易所 TAQ、ISDA、Thomson、GSIOnline 等国际知名数据库的专业标准。

■ 股票市场系列

CSMAR® 中国股票市场交易数据库
中国融资融券研究数据库
中国股票市场大笔交易数据库
中国证券市场大宗交易数据库
中国证券市场指数研究数据库
中国股权分置改革研究数据库
中国股票交易停复牌研究数据库
中国特殊处理与特别转让股票研究数据库
中国股票市场衍生指标数据库

■ 公司研究系列

CSMAR® 中国上市公司财务报表数据库
中国上市公司年、中、季报公布日期数据库
中国上市公司业绩预告数据库
中国海外上市公司研究数据库
中国上市公司财务报表附注数据库
中国上市公司财务指标分析数据库
中国上市公司财务报告审计意见数据库
中国上市公司分析师预测研究数据库
中国银行财务研究数据库
中国上市公司首次公开发行研究数据库（A 股）
中国上市公司首次公开发行研究数据库（B 股）
中国上市公司增发配股研究数据库
中国上市公司红利分配研究数据库
中国上市公司股东研究数据库
中国上市公司治理结构研究数据库
中国上市公司违规处理研究数据库
中国上市公司关联交易研究数据库
中国上市公司银行贷款研究数据库
中国上市公司并购重组研究数据库
中国民营上市公司数据库
中国上市公司国有股拍卖与转让研究数据库
中国上市公司资产评估数据库
中国上市公司机构股票池研究数据库
中国上市公司对外担保研究数据库
中国上市公司机构投资者研究数据库
中国上市公司内部控制研究数据库
中国上市公司社会责任研究数据库
中国上市公司内部人交易数据库
中国上市公司对外投资研究数据库
中国上市公司 EVA 专题研究数据库
中国上市公司人物特征研究数据库

■ 基金市场系列

中国封闭式基金研究数据库
中国开放式基金研究数据库
中国融资型分级基金专题研究数据库
中国证券市场基金评价研究数据库
中国基金研究数据库

■ 债券市场系列

中国债券市场研究数据库

■ 衍生市场系列

中国商品期货市场研究数据库
中国权证市场研究数据库
股指期货研究数据库
中国国债期货研究数据库
中国个股期权市场研究数据库

■ 经济研究系列

中国宏观经济研究数据库
中国区域经济研究数据库
世界经济景气指数库
中国工业行业统计数据库
中国进出口统计数据库
世界经济统计数据库
中国资源研究数据库

■ 行业研究系列

中国能源行业研究数据库
中国房地产行业研究数据库
中国通信行业研究数据库
中国汽车行业研究数据库
中国交通运输行业研究数据库
中国保险行业研究数据库
中国钢铁行业研究数据库
中国有色金属行业研究数据库
中国医药行业研究数据库
中国交通运输行业研究数据库（HD）
中国新能源行业研究数据库
中国石油化工行业研究数据库
中国农林牧渔业研究数据库

■ 科技金融研究系列

天使投资数据库

■ 货币市场系列

中国外汇市场研究数据库
中国黄金市场交易研究数据库
中国货币市场与政策工具数据库
中国银行间交易研究数据库

■ 海外研究系列

香港上市公司研究数据库
美国股票市场研究数据库

■ 板块研究系列

板块数据库

■ 市场资讯系列

公告数据库
新闻数据库
研究报告数据库

■ 专题研究系列

中国股票市场收益波动研究数据库
中国股票市场基本分析研究数据库
中国上市公司资本结构研究数据库
中国股票市场日历效应研究数据库
中国股票市场资本资产定价模型研究数据库
中国股票市场股利政策研究数据库
中国股票市场收益预测研究数据库
中国股票市场盈余反应系数研究数据库
中国股票市场交易研究数据库
中国股票市场操控性与非操控性应计利润研究数据库
中国股票市场风险评价系数 β 数据库

■ 中国高频研究系列

中国证券市场高频交易研究数据库
中国商品期货高频研究数据库
中国股指期货高频研究数据库

■ 数据定制区

中国上市公司股权性质研究数据库
中国各省市地方领导资料研究数据库

(二) 学术资源建模

借鉴国际 IMS 的 Learning Resource Metadata（学习资源元数据规范）、IEEE LTSC（学习技术标准委员会）的 LOM（学习对象元数据模型）、OCLC（Online Computer Library Center）Dublin Core 的 Dublin Core 元数据标准。

(三) 高效的生产工具

中心库系统是国泰安公司自主研发的以采集、录入指引、质检、审核、统计为一体的录入，集元数据管理、自动化采集、自动化运维、自动化质检、自动化翻译、ETL 管理于一体的系统。

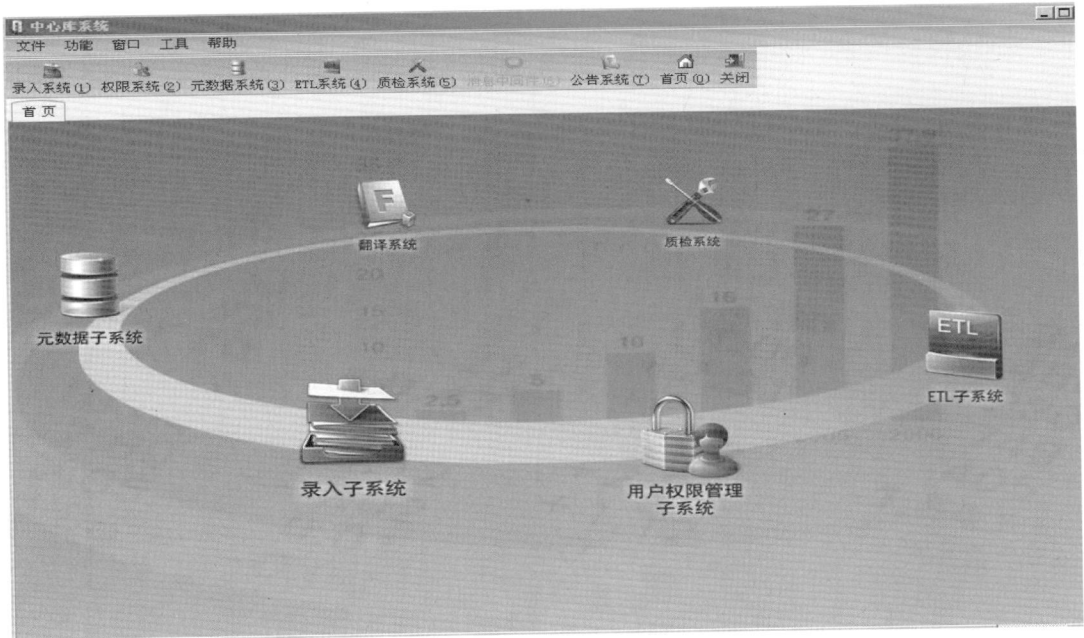

精准的数据是研究教学的基本保证，CSMAR 经济金融研究数据库在国内最早启用四级监控；做到事前、事中、事后检测，多点监控，质检手段融入生产全流程，保证数据质量。

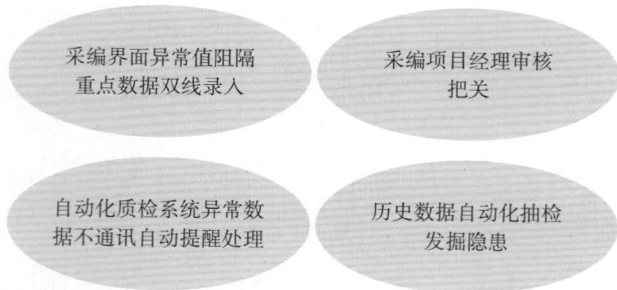

采编界面异常值阻隔 重点数据双线录入

采编项目经理审核 把关

自动化质检系统异常数据不通讯自动提醒处理

历史数据自动化抽检 发掘隐患

（四）多样化的查询工具

1. CSMAR 经济金融研究数据库查询系统

CSMAR 经济金融研究数据库查询系统 V4.0 延续之前所有版本的优势，打造全新数据查询与分析平台。该系统可加载国泰安全部 CSMAR 经济金融研究数据库中的子库，在单表快速查阅、多格式数据导出基础上，更添加了自定义跨库查询、字段模糊搜索、多维条件选择、查询方案保存、在线更新等功能。

2. CSMAR Solution

数据内容主要为 CSMAR 经济金融研究数据库，新闻、公共信息、研报等资讯数据库；可以进行 CSMAR 数据查询下载、绘图、统计；可以浏览新闻、公共信息、下载原文、收藏研报；可以查看学术论文、关注学术会议、下载课程资料、案例资料。

三、标准化成果

（一）连续四年为中国证券投资者保护基金提供上市公司评价数据

（二）中国唯一的 A 股实际控制人图型展示

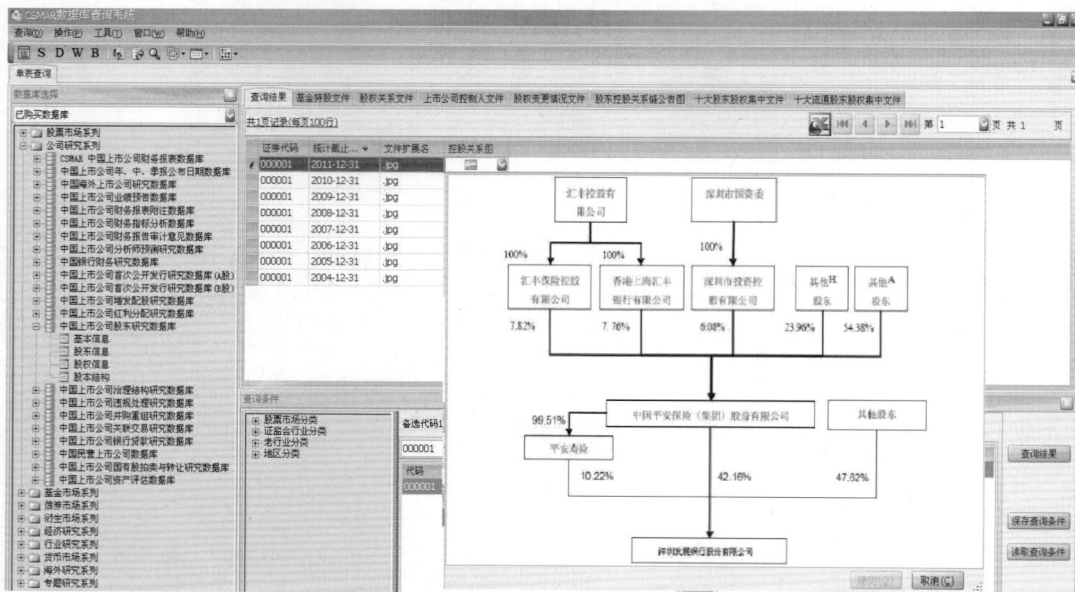

（三）WEB 版数据字典　指标检索方便

四、产品价值

由国泰安自主研发的世界知名 CSMAR 经济金融研究数据库系列，是中国目前规模最大、信息最精准全面的金融经济数据库。曾荣获诺贝尔奖获得者 Robert William Fogel 的高度认可。

CSMAR 经济金融研究数据库系列是大中华区唯一入选美国沃顿商学院研究服务系统（WRDS）的数据库产品，多达 17000 多篇采用 CSMAR 经济金融研究数据库的高质量学术论文在国内外一流刊物发表。

五、客户群体及评价

（一）美国沃顿商学院研究服务系统（WRDS）唯一选用的中国数据产品

2004 年初，美国沃顿商学院在对中国大陆、中国香港、中国台湾等地区的多家研究产品提供商进行比较后，唯一选择国泰安产品纳入其全球著名的"沃顿研究服务系统"（WRDS）。

（二）摩根斯坦利 Barra 之"MSCI 中国 A 股指数"的数据基础

2005 年 5 月，摩根斯坦利 Barra 选拔推出"MSCI 中国 A 股指数"，该指数以国泰安的 CSMAR 经济金融研究数据库为计算基础，是第一个精确反映中国股票市场背后行业结构的 A 股指数。

（三）国内外超过 1000 所知名大学与金融机构、15000 名专家学者的共同选择

六、客户评语

有效开展实证会计研究，离不开数据的支持，国泰安公司开发的数据库产品对国内院校顺利、有效地提高实证研究水平起到了积极的推动作用。

——孟焰　中央财经大学会计学院院长

证券市场的健康发展要实证研究，实证研究就离不开数据支持，愿国泰安与中国资本市场实证研究共同进步！

——陆正飞　北京大学光华管理学院副院长

国泰安作为一个数据公司，已经成为行业的领导者，并将继续为中国财经类数据库的发展设立更新、更好的标准。

——柴俊　香港城市大学经济金融教授

参考文献

［1］Canonical correlation analysis：An overview with application to learning methods. David R. Hardoon，Sandor Szedmak and John Shawe-Taylor.

［2］Comon P. Independent Component Analysis，a new Concept［J］. Signal Processing，1994（36），287-314.

［3］Lee T W，Girolami M，Sejnowksi T J. Independent Component Analysis using an Extend Infomax Algorithm for Mixed Sub-Gaussian Sources［J］. Neural Computation，1999，11（2）：417-441.

［4］丁鹏. 量化投资——策略与技术［M］. 北京：电子工业出版社，2012.

［5］非线性规划. 网络 http：//baike.baidu.com/view/319487.htm.

［6］刘园. 国际金融学［M］. 北京：机械工业出版社，2012.

［7］曼昆. 经济学原理［M］. 北京：机械工业出版社，2003.

［8］投资组合发展理论. 网络 http：//baike.baidu.com/view/363622.htm.

［9］线性规划. 网络 http://baike.baidu.com/link?url=_Jg7HuX5jhVBpVZb7Z3Dr-chg-3fbEhY4x50InkpNrVBwbtlyePHBYTa1A6Vy976DJfwpueHoO1QHaEveNCxZ on_.

［10］债券. 网络 http：//baike.baidu.com/view/26411.htm.

［11］郑志勇. 金融数量分析——基于 MATLAB 编程（第2版）［M］. 北京：北京航空航天大学出版社，2013.

［12］资本资产定价模型. 网络 http：//www.baike.com/wiki/资本资产定价模型.

图书在版编目（CIP）数据

经济金融建模理论基础/陈工孟主编. —北京：经济管理出版社，2015.3
ISBN 978-7-5096-3611-4

Ⅰ.①经… Ⅱ.①陈… Ⅲ.①金融—经济模型 Ⅳ.①F830.49

中国版本图书馆 CIP 数据核字（2015）第 019613 号

组稿编辑：魏晨红
责任编辑：魏晨红
责任印制：黄章平
责任校对：王 淼

出版发行：经济管理出版社
　　　　　（北京市海淀区北蜂窝 8 号中雅大厦 A 座 11 层　100038）
网　　　址：www. E-mp. com. cn
电　　　话：(010) 51915602
印　　　刷：北京市海淀区唐家岭福利印刷厂
经　　　销：新华书店
开　　　本：787mm×1092mm/16
印　　　张：12.25
字　　　数：196 千字
版　　　次：2015 年 3 月第 1 版　　2015 年 3 月第 1 次印刷
书　　　号：ISBN 978-7-5096-3611-4
定　　　价：36.00 元